本书出版得到文化名家暨"四个一批"人才项目、浙江省"万人计划"人文社科领军人才项目、浙江大学一流骨干基础学科建设计划、杭州市上城区政府的资助

中国城市街道与居民委员会

档案史料选编

（第二册）

1951—1954

毛　丹◎主编

陈　军　任　强　哈　雪◎副主编

ZHEJIANG UNIVERSITY PRESS

浙江大学出版社

主编单位

中国社区建设展示中心

中国社区建设展示中心是民政部批准建立，集史料陈列、文物展示、理论研究、文献收藏、社区实务于一体的社区建设专题类展览馆。建成于 2009 年 12 月 21 日，经过 10 年发展，中国社区建设展示中心已发展成为中国社区建设的历史课堂、研究基地、实践样板和对外窗口。中国社区建设展示中心由基层组织历史厅、社区建设发展厅、社区治理成果厅、"左邻右舍"社区治理创新园等展馆组成，全方位展示了我国社区建设的历史演进、发展现状和地方经验。

民政部—浙江大学全国民政政策理论研究基地

民政部—浙江大学全国民政政策理论研究基地以浙江大学城乡社区研究团队为基础，在民政部政策研究中心、基层政权与社区建设司以及浙江省民政厅的指导帮助下，致力于农村社区建设与乡村振兴研究、城市社区建设与城市社会治理体系研究、地名文化研究。基地秉承"服务浙江、辐射全国"的发展理念，关注浙江及全国其他地方的城乡社区、社会治理重大理论与实践问题，形成了一批立足于实践发展的民政政策与理论成果。

丛书说明

20 世纪 50 年代初以来,我国的街道和居民委员会(以下简称居委会)长期承担基层管理和组织城市基层社会的功能,形成了我国独特的城市社会样态。居委会与基层社会是理解中国社会不可或缺的视窗。改革开放后,社区建设与基层社会治理的重要性日渐突出,居委会、社区、基层社会的性质与功能、理论与实践都经历了更为复杂的变迁。系统整理、研究居委会与城市基层社会的历史档案资料,对于理解我国基层社会的变迁,研究其发展方向,提升社区治理现代化水平,当有独特的价值。

民政部—浙江大学全国民政政策理论研究基地与中国社区建设展示中心自 2010 年开始酝酿本丛书。近十年来,在民政部支持下,我们以 1949 年至 2000 年为时限,征集、收集了有关街道和居委会工作的档案资料,包括中央和地方的重要政策文件、工作报告、工作记录以及一部分重要的报刊资料等 1000 多种。现在,我们从中选择部分档案资料汇编成第一辑共 10 册。这里对收录的内容作几点说明:

1.《中国城市街道与居民委员会档案史料选编》系自中华人民共和国成立以来首次对全国范围内城市街道与居委会档案史料进行整理和编选,由民政部—浙江大学全国民政政策理论研究基地和中国社区建设展示中心合作完成。

2.主要依据文献的学术研究价值和实践意义进行筛选,收录发布时间最早及内容最完善的资料,文献内容包括但不限于城市和街道居委会的设立过程、制度建设、组织完善及各项具体工作的计划和成果报告,以及相关报道和研究。

3.编印按照原件发表时间排序,时限为 1949 年至 2000 年,1949 年前的相关资料收录于附录中。个别年份(1967 年至 1970 年,1974 年)因档案未解密或搜集到的资料质量不佳等原因未予收录。

4.早期城市街道和居民委员会工作人员提交的部分报告和工作记录中存在较多明显的别字和语病,为方便读者阅读,编者在不改变原义的前提下进行了校订,文中不再一一指出。对文中出现的方言、惯用语和生僻词等,则以脚注形式进行说明。

5.由于档案文献有政策文件、工作报告、新闻报道、期刊论文等多种形式,标题格式不一,为便于读者检索,编者重拟了部分档案文献的标题,并将原标题列于脚注中。丛书按通行的书籍格式横版排编,资料来源加"【】"标注;无法辨析的文字,用"□"标注。

6.档案原件主要来源于中央及各地方的档案馆、各地民政相关部门,少量来自政府工作网站。所用资料均经过核实,资料的出处标于篇末。

7.为科学客观反映我国基层社会变迁,编者保留档案文献中反映各时期政治过程在基层社会影响的内容,希望读者正确鉴别。

《中国城市街道与居民委员会档案史料选编》编委会

2019 年 6 月

目　　录

1951 ·· 1

华东民政会议记录材料（节录）··· 3

全国民政会议城市组有关城市区政建设的几个问题的讨论 ············· 8

杭州市下城区东街路派出所东二居民区居民委员会工作调查报告 ······· 10

谢觉哉关于全国各级各界人民代表会议建设情况的报告 ··············· 22

安庆市基层政权组织情况与今后调整意见 ····································· 27

北京市第七区组织居民宣传队的经验 ··· 29

皖北人民行政公署关于安庆市调整组织意见的批复 ······················ 31

各地建立机关宣传员的经验 ·· 32

1952 ·· 35

城市街公所组织暂行办法（草稿）··· 37

城市居民委员会组织暂行办法（草稿）··· 38

华东军政委员会关于 10 万人口以上城市建立居民委员会试行方案（草案）

·· 40

上海市居民委员会组织暂行办法（草案）····································· 43

唐山市人民政府关于建立居民委员会试行方案 ····························· 47

上海市江宁区崇安里居民委员会工作任务 ···································· 50

政法委员会关于城市区政权建设和基层组织问题的报告 ················ 52

杭州市人民政府关于居民委员会试行组织办法（草案）·················· 56

治安保卫委员会暂行组织条例 ·· 60

华东军政委员会指示加强民主建政工作 ·· 63

东北区城市街道居民委员会暂行方案 ··· 65

杭州市上城区柳翠井巷居民区调查报告 ·· 67

杭州市上城区人民政府办公室关于各居民委员会图章刊刻完毕的报告 ··· 79

天津市建立街公所暂行办法 ·· 80

上海市区区人民政府办事处试行方案（草案）······························· 82

上海市江宁区新闸路 1620 到 1758 号胶州路 274 弄到 314 号(双号)街道
　　里弄居民代表会议组织暂行条例 ……………………………… 84
上海市卢湾区瑞金二路花园坊街道里弄居民代表会议组织条例 ………… 86

1953 …………………………………………………………………… 89
武汉市街人民政府组织试行方案 ………………………………………… 91
杭州市上城区居民区建立护税分会意见(草案) ………………………… 93
上海市居民委员会调查综合报告 ………………………………………… 95
杭州市居民委员会试行组织规则(草案) ……………………………… 101
中共北京市委政策研究室关于街道居民组织试点工作总结 ………… 104
谢觉哉就城市居民委员会有关问题给政法委员会的报告 …………… 107
关于杭州市组织建设问题的初步意见 ………………………………… 111
福州市民主建设工作通报 ……………………………………………… 116
北京市街道居民委员会试行方案(草稿) ……………………………… 120
牡丹江市建立居民委员会组织方案 …………………………………… 122
东北行政委员会开会布置基层选举工作 ……………………………… 125
彭真关于城市应建立街道办事处和居民委员会的报告 ……………… 128
全国各地贯彻选举法,开展普选工作(一) …………………………… 130
全国各地贯彻选举法,开展普选工作(二) …………………………… 135
牡丹江市关于改居民代表为居民组长的通知 ………………………… 139
杭州市居民区调查报告(草稿) ………………………………………… 140
全国各地贯彻选举法,开展普选工作(三) …………………………… 151
山西省人民政府关于城镇街道组织的几项暂行规定 ………………… 154
中央政法党组干事会关于城市街道办事处组织、居民委员会组织和经费
　　问题的报告 ………………………………………………………… 156

1954 ………………………………………………………………… 161
广州市街道办事处暂行组织条例 ……………………………………… 163
杭州市人民政府关于市区建立街道办事处试行组织办法(草案) …… 164
人民调解委员会暂行组织通则 ………………………………………… 167
杭州市民政局关于街道办事处干部配备情况报告 …………………… 169
杭州市建立街道办事处干部培训计划(初稿) ………………………… 172
杭州市街道办事处干部训练材料 ……………………………………… 174

中央人民政府内务部、财政部关于全国城市街道办事处和居民委员会
　　经费使用原则的联合通知 …………………………………………… 178
上海市居民委员会公杂费及委员生活补助费试行方案（草案）………… 179
杭州市关于区政府街道办事处及居民区一级妇女组织的几个问题说明
　　………………………………………………………………………… 180
杭州市上城区人民政府关于建立街道办事处工作计划（草案）………… 183
杭州市关于建立市区街道办事处的报告 ………………………………… 187
杭州市拱墅区府关于建立街道办事处工作的几点补充意见 …………… 192
重庆市建立街道办事处试行办法 ………………………………………… 195
杭州市整顿居民区组织工作计划 ………………………………………… 197
杭州市城区建立街道办事处机构的工作总结报告 ……………………… 202
杭州市人民政府关于转发《城镇街道办事处及居民委员会经费开支规定
　　意见》的通知 ………………………………………………………… 208
杭州市关于现有居民区妇女组织的工作建议 …………………………… 210
杭州市结合民主建政整顿治保组织情况简报 …………………………… 212
全国各城市成立居民委员会和街道办事处情况统计表 ………………… 215
上海市居民委员会组织暂行办法（草案）………………………………… 218
上海市区人民政府办事处组织暂行办法（草案）………………………… 221
在城市建立居民委员会和街道办事处的情况和经验 …………………… 222
城市街道办事处组织条例 ………………………………………………… 225
城市居民委员会组织条例 ………………………………………………… 226
公安派出所组织条例 ……………………………………………………… 228
杭州市街道办事处组织通则（草案）……………………………………… 229
杭州市居民委员会组织通则（草案）……………………………………… 231

1951

华东民政会议记录材料（节录）

一、关于提高市县各代表会议的问题（山东组）

根据山东市县情况，过去发生的问题都未超过谢部长报告与中央各种通则法令，因此市县政建问题只是如何贯彻上项政策，提高到上项水平问题，主要问题在于：进一步发扬民主。这是中心环节问题，比制度等都重要。今天发扬民主表现得都还不够，同时发扬民主要和专政思想结合，如乡村农民不敢谈民主，主要是怕地主报复，所以只有贯彻专政才能解决发扬民主问题。怎样发扬民主，又有如下几个迫切的问题：

1. 对于政权建设的领导要党组织领导之外，提高到政治领导和思想领导，目前有些问题存在，大多是政治思想领导落后□政，组织领导放纵的情况个别也存在。搞好政治思想领导要做好下列工作：①教育干部。目前干部中从一般干部到领导干部都存在思想不通及政策观念模糊的现象，所以以领导干部为重点，结合一般干部提高思想政治水平，尤其是关于民主建政问题，是很重要的问题。关于这个问题的文件理论已不缺乏，但因这个提高是一个长期的过程，而目前主要解决：a. 重视政权提高到自觉认为重要。目前县以下许多干部只因为中央三申五令①才任务性地去建设政治，并未自觉地将政权建设这样一个基本工作与一般事务工作等量齐观，将政权建设抛在一边。b. 树立民主思想与作风。一切工作要依靠人民自己，政府只是一个办事机构，离开群众一事无成。把民主思想与强迫命令思想分清界限，个人英雄主义是封建统治阶级思想，不应在我们的思想中存在。c. 政策教育。主要是统战政策，分清三个敌人与四个朋友。乡村中分不清的主要是开明士绅，找不到开明士绅，将逃跑地主或中农拉来顶替。d. 代表会议和政府工作的一致性。许多干部为开会而开会，把开会与工作分作二事，实际上组织任务只是为了保证政治任务的执行，并非二事。这个问题目前山东还很严重，如不开各代会说是工作忙，没时

①　三申五令：再三地命令或告诫。与“三令五申”通用。——编者注

间。必须明了,各代会要为中心工作任务服务,把重要的事情交给代表会议讨论,不这样做,各代会就空洞无物,成为形式民主。执行各代会决议和上级命令的一致性,对各代会负责也就是对上级负责。各代会的筹备工作要与平常工作联系起来,目前筹备工作组只搞上一两月,主要是方法不合适,如一个报告应该与对上级的报告相结合,就省事。②有重点地检查总结。根据文件精神进行检查总结。山东省主要偏向是:a.形式主义。如干部先收集问题作了决定后,交各代会只是通过一下,报告多,形式多,搬条文,把城市开会方式搬到农村,如没有工商界也搞出工商代表,凑足四个朋友。b.开展批评与自我批评。这是政权建设中较难解决的问题。党内开会不够,在群众中开会更差,应由主要干部带头,领导干部不做,一般干部也无法做到。

2.规定制度保证召开各代会,不放任自流。

3.几个具体问题。①代表与群众的关系。代表对政府的联系工作做得尚可,但与群众联系却不够。a.要改善代表产生方法,扩大直接选举的代表。目前选派的少,直接选派的更少。农会间接选举后,偏于农会干部,共产党员比较少。b.教育代表对选民负责。联系选民,收集选民反映。c.使干部与代表密切合作,消除代表传达决议时与干部的矛盾。②上级要深入检查,具体指导。

二、区政建设问题(山东组)

建立区政权问题,大中城市(烟台十万人口除外)拟保持政权。

(一)代表的选举

主要抓住居民代表的选举,因为这一环较弱。名额分配,天津居民代表为34％,我们各城市工商业不如天津发达,代表名额仍嫌多。工商业代表抓紧中下层代表。掌握选举主要依靠选民觉悟,不是依靠公安局包办。选举代表前先讨论提案,使群众从提案出发,考虑选谁合适,较切实际。

(二)代行职权问题

城市条件未成熟暂不代行。乡村各代会已全面在第一次会议就代行职权了。

(三)市对区的领导问题

过去由民政局单独领导,有关部门的工作不能很好处理,民政局也觉得包袱重,现研究由市府直接领导,可设副市长或副秘书长,并设区政指导委员会。

（四）区以下的组织问题

须要有,组织形式未得结论。

三、基层民主建设问题(城市组)

（一）城市的特点

1.复杂性和集中性。①人口多、密,阶层多,行业多,贫富悬殊。②团体组织多,性质复杂,杂居多处。③政治派系多,面目复杂。④文化发达,知识普遍。⑤交通便利,传达迅速。⑥外人、洋行、产业多,带国际性。⑦工作发展不平衡,群众觉悟不一,组织基础均不同。

2.经济基础不平衡。强的居民有组织的多,弱的无组织居民多,特大城市游民多。

3.过去是反动统治枢纽。玩弄旧民主,施小恩小德,市民受欺较深,各种税负较重,救济较多,我们管理城市的思想障碍较大。

（二）目前政权机构情况

1.区政府并有区委,如上海、南京。

2.区公所并有区委,如山东各城。

3.设镇(拟设),如南通、苏州。

4.无区公所设民政干事于公安部门,如杭州、皖北。

此外政权以外的群众性组织有居委会、街政会、代表会、座谈会等方式。分工:①区域性组织,包括各阶层。②业务系统性组织,包括有关部门代表,也包括各阶层。

上述组织各有好处,唯区域性组织要求不一致,难以解决问题,各部门集中布置工作也忙不过来。业务系统性组织的优点较多。

（三）无组织居民问题

组织起来是肯定的。但有两个困难问题:谁领导? 干什么? 这里需要分析。

1.居民是哪些人? ①贫苦劳动人民——无固定职业,临时出卖劳动力做苦力。②半商业性的——临时做摊贩,卖开水等。③失业过久的人员——工人、知识分子。④家眷——职业在本市。⑤殷实富户——业主地主,歇业资本家。⑥退残农员。⑦游民散兵。根据这些成分,第四种人可培养为骨干。

2.组织起来干什么？他们大约是要求解决职业、救济、市政□□等问题，组织后可以解决这些切身问题。此外对坏分子要管理教育，对殷实富户要贯彻税赋劝募等任务。

关于居民的组织形式最好是不与其他阶层混淆，单独组织起来作为工农商妇以外的一个系统以贯彻工作。

（四）设区问题

根据人口、地区、经济情况，组织基础工作需要等条件考虑设与不设问题，不设区由各部门各按系统建立组织，直接领导直接与人民见面较好。或者设了区与市分工，如市搞上层，区搞中下层。

（五）民政公安关系问题

主要是思想问题，即本位、家长制、包办思想作怪以及对城市工作无经验。

（六）争夺积极分子问题

应该做好统战工作，培养积极分子着手解决，根据四个朋友，包括进步、中间、落后，广泛吸收。

四、市各代会议的提高问题

（一）主要要解决思想问题

除山东外，存在以下问题：

1.对民主建政是政府基本工作，民政部门中心业务问题认识不足。

2.对各代会权力重视不够。

3.家长制封建统治恶劣作风。

4.受资产阶级旧民主影响。

（二）几个具体问题

1.熟读文件领会精神。

2.经常建议市委市府协助搞建政工作。

3.上级领导部门请发指示，明白规定民政干部参加各代工作，参加协商委员会并担任秘书长之一。

4.民政部门负责检查下级各代会。

（三）关于各代会的几点建议

1.巩固各代会与协商会会议制度，解决主要问题。

2.采取协商方式解决问题。

3.巩固已经创造建设起来的根——各代表和委员会。代表们今后宜组织起来,或再吸收非代表参加开扩大会议

4.反对作风上的包办代替以及某些命令方式。

5.反对组织上的盲目,无中心,分清四友三敌。

6.反对利用观点。

(四)关于区各代会的几点经验

1.吸收党外人士参加筹备工作,代表名额不宜过多,渐次可以增多,以免退出困难。

2.产生代表以前□□

(五)关于产生居民代表的方法

1.组织力量。

2.挨户访问。

3.宣传动员。

4.居民思想上不希望选上代表,怕妨碍生产,流氓希望选上。

5.居民往往推选会说会写的,游手好闲的,不是女的,我们要针对这种思想进行教育。

6.先选协商代表再选代表。

7.候选人要群众提出,我们要培养积极分子,使他们多活动。

8.居民会议不要排场太大。

9.坏分子是否参加会议须考虑。(南京规定伪保甲长不参加会议。)

10.基础好的地方先开。

1951 年 2 月 20 日

全国民政会议城市组
有关城市区政建设的几个问题的讨论①

一、是否成立区政府或区公所的组织

1.济南的意见——本市各区人口十余万、七八万、四五万不等，一般可设区政府，个别不够条件的设公所，区各代会已筹备召开。（全市区人口 50 余万）

2.青岛的意见——本市设有区公所，且有区委会，并拟召开区各代会，形成一级政权。（市区只有 60 万人口）

3.杭州的意见——需要区公所的组织。（厦门、福州同意，且已有区公所）

4.徐州的意见——需要区公所的组织。

5.芜湖、蚌埠、南通、宁波、温州等市主张不设区。

二、关于区以下的组织形式

（一）设区的市

1.济南的意见——以区人民代表为中心，在派出所范围内，结合派出所所长、民政干事（代表约十人）组成人民代表办公室；互推主任，成为群众性的组织，直接联系居民小组传达政令，收集意见。

此外，业务系统的各种委员会可在市委员会领导下，区设分会，派出所设支会小组垂直贯彻任务。

2.杭州的意见——区公所以下组织居民委员会与居民小组，居委会的各阶层联合协商的地域性组织，以充实领导骨干。

此外，区公所按工作需要建立业务系统的各种委员会，或市委会的分会。

3.厦门的意见——与杭州大致相同，对居委会的组成主要体现于无组织居民。

---

① 原文标题为《有关城市区政的几个问题》。

4.徐州的意见——区以下需要有过渡性的地域组织,因为无组织的居民尚多。

5.青岛的意见——区以下不设地域性的组织,按业务系统建立各种委员会,公安部门另建治安小组。(该市现行有成效)

（二）不设区的市

1.蚌埠的意见——不设一揽子的地域性委员会,在市领导下按业务系统设立各种委员会。(南通大体已照此实行)

2.芜湖的意见——在公安派出所内设立民政干事领导各种委员会,并将无组织的居民组织起来,成立居民小组。

另一个意见为最好设立相等于派出所大小的街公所,民政干事按人口每1000～1500人设一人,在街公所办公。

3.宁波的意见——拟仿照天津以派出所为范围设居民委员会,派出所所长兼主任,民政干事为副主任,吸收群众担任委员,居委会按工作需要建立各种业务系统委员会。(温州市同意此意见)

另一个意见为维持在派出所设民政干事的现状,但必须明确业务上受民政局领导,改变以往民政业务通过公安局布置的偏向。

此外,按工作需要在派出所下设立多种业务系统委员会。

三、几个共同性问题的意见和问题关键

1.公安部门须有深入群众的基层小组,包括各阶层人民独立系统。

2.中小城市民政部门是否附设于公安部门。

①附设的,如宁波意见设民政干事,天津方式将二者结合起来。②独立的,如杭州、厦门意见。

3.是否设立地域性组织——应视工作任务和行业组织情况。

①需要的,建立居民委员会。②不需要的,光组织无组织居民或根本不要。

4.关于系统性委员会。

①市直接领导的。②市、区、派出所三级的。

1951 年 2 月 28 日

杭州市下城区东街路派出所
东二居民区居民委员会工作调查报告

一、东街路派出所辖区居民工作概况

一般情况:东街路派出所辖区共 4403 户,19749 人,其中男 10305 人,女 9444 人。其主要职业工人 4734 人,占 23.97％,工商业者 841 人,占 4.26％,家务 4081 人,占 20.66％;其次是小商贩、自由职业、学生;其他职业为数不大,无业或失业的较多。该区居民委员会组织自 1949 年 10 月废除了国民党的保甲制度,划分居民区,初时仅在居民区内设居民代表 2 人,下设冬防、卫生等小组,11 月后才由市统一建立居民委员会。当时社会秩序尚未安定,居民无民主经验,委员会正、副主任及委员人选采取派出所指定、群众通过的方式产生,共成立 25 个居民委员会,后经 1950 年 12 月及 1951 年 10 月的二次整顿、改组,现全区有居民委员会 15 个。1950 年 12 月居委会第一次改选,主要是经过一年多的工作,在委员会的组织成员政治历史上发现了一些问题,通过这次改选,清除了一批伪装积极的不良分子并将居民区划扩大,由 25 个居民区划并为 15 个,便于集中掌握和领导。当时群众认识尚未提高,组织亦不够严密,民主尚缺乏基础,故委员人选仍由派出所提名 8 人,召开居民会议选举 7 人,组成委员会。1951 年 10 月的第二次全市性居委会大改选,是处在全市镇压反革命运动高潮以后,进一步暴露了居委会组织的不纯,通过改选,清除了一批政治历史不清的居委及反革命分子,澄清了居委会组织。这次改选由居民提出候选人 18 人,经派出所审查同意,并将其历史向群众公布 3 天,发动居民提出意见,最后选举 9 人为委员,成立居委会。各委员的分工则由派出所掌握,通过居委会确定(比较主动)。迄今除个别调整外尚未进行普遍性的改组。

该所辖区 15 个居民区的划分系按街道、巷、弄自然地形确定,一般是一巷一居民区,小巷弄合并,大巷人多,则一巷划分数区,每一居民区最少的有 1067 人,最多的 1627 人,平均约 1317 人。居民区内按居住情况划分若干小组,有些划为 8 组,有的划为 5 组,每组少至 30 户,多的达 60 户,平均每组约 200 人。

　　派出所对居委会的领导及与居民的关系:领导方式。对各项中心任务的推动与贯彻做得较好,一般采取统一布置,先召开辖区所有居委会小组长以上干部传达动员上级指示,并进行学习座谈,在干部思想上统一认识后,再进一步分组,组织居民进行讨论,求得思想上组织上的动员,然后进入行动,如:"镇反""五反"的坦白检举,爱国防疫卫生运动等任务的贯彻,均按此方法进行。但统一布置后,则主要依靠户籍警检查督促,经常的一般性工作均由户籍警掌握布置,以分工负责的方式进行,一户籍警专掌一个区或两个区。(将15个居民区划成4个联动组,3个户籍警组成1个小组,以便内部集中掌握,现这层组织已逐渐松懈)其主要任务是掌握管区的户口情况,以治安保卫工作为主,居民区的工作是兼管性的。由于户籍警工作态度、工作能力的不同,以致各区工作亦有差异,但一般领导方式普遍是单纯走干部路线,只抓住几个积极分子推动工作,生硬简单,不能做到组织群众有计划有步骤地展开工作,因而居民区的工作一般是热一潮冷一潮,坚持性差。

　　派出所与群众的关系:派出所工作繁复("五反"阶段有18个部门向其布置工作)。对所辖15个居委会极难很好领导,平时与居民的联系主要通过户籍警,但户籍警工作中普遍存在着强迫命令的作风,经常以"一道命令"方式布置工作,遇不能行通时,则强制威胁,批评斗争,扣大帽子,训斥一顿。如户籍警孟自浩布置大扫除,要居民拔草,对居民说,你不拔草,就要罚你20个单位;群众的尿缸没有盖好,即指挥居民干部将缸打碎;群众开会秩序不好,则恐吓群众说:你们如果开不好,天天开!一般户籍警的旧警察作风均未很好改造,12个户籍警(两个已撤职)中,接受贿赂、贪污居民捐献款物的达半数,户籍警毛克成竟贪污发给居民委员会的辅助费6万元。其次在群众中强借硬赊的有9人,敲诈勒索、白吃白喝的7人,搞男女关系的有3人(其中1人与有夫之妇发生关系,已撤职);至于与居民妇女,特别是妇女干部胡闹的则更多,其他亦有在居民家中私设办公室的。甚至表示立场,私启政府封条,包庇反革命分子,抽逃查封物资等。这都造成了脱离群众的现象。群众对此甚为不满,但敢怒而不敢言,就是有些居民提了意见,如与户籍警本身有关的则压制不反映,有些旧警察管制的味道。"三反"中,由于各级组织及领导坚决表明态度,发动群众对派出所提出意见,各居民区的居民秘密向公安分局反映意见的很多。因此派出所与居民的联系,了解居民情况,一般说来是比较差的。因而群众对户籍警不是视为协助自己办事的,而看作是去管理他们的。同时,一般居民对居委会亦不看作居民自己的组织。有的认为是协助派出所管理居民的组织,这就影响工作的开展和进一步提高,是目前居民工作的一个重要问题。

派出所范围内居民的几种主要活动:该所辖区有 3 所民办小学,两所系由私立小学转为民办,一所由识字班发展而成。内有教师 16 人,成人班 12 班,儿童班 11 班,解决了成人 600 人、儿童 500 人的教育与文化补习问题。一般居民经过"镇反""五反"等运动后,认识提高,提高文化的要求比较迫切,学习情绪很高,三所小学尚不能满足居民和儿童的要求。三校经费每学期(半年)需 5372 万元。除收学费 2518 万元外,尚缺少 2854 万元,均由辖区内工商户负担。"五反"后,工商户感经济困难,故目前为止尚有 1512 万元未收齐。

过去该所辖区范围内以联动组为单位分别成立俱乐部(有 4 个),1951 年10 月间为节省开支,减轻居民负担,合并成立一个总俱乐部。俱乐部设常务委员会,由居民区推选代表 1 人、妇联代表 1 人、派出所所长等 17 人组成,所长为主委,原来 4 个俱乐部的主任为副主委,下设文教、文娱、福利、总务 4 组,由副主委分别兼任组长进行活动,并雇佣会计、管理各 1 人,处理日常事务。俱乐部有乐队、腰鼓队、剧团、歌咏队,以及幻灯片放映、书报阅览等活动。居民福利方面由妇联主持,办了幼儿班,目前有寄托幼儿 46 人。

经费每月平均开支需 220 万元左右,系由工商户负担(每月少的一两个单位,多的四五个单位,如能收齐每月有 300 余万元)。其支出最大的是水电、房租、管理人员薪资、书报等费用,平均每月即需 140 万元左右。"五反"后,工商户有要求减免的,居民区概未同意,唯对经济情况确有困难的准许其缓缴。

一般居民干部情况及居民民主生活的基础和条件:目前居民干部对居民区工作一般尚能胜任,唯"五反"后,工人担任居民委员工作的,由于政治活动多,时间少,很难照顾,资本家经济上稍有困难,被斗争后有消极情绪,因而居民区工作"五反"后不如"五反"前活跃。居民群众经过三年来民主生活的锻炼和各种运动的教育,特别是经过"三反"运动,被发动起来向户籍警提意见,派出所召开居民代表会议,督促作风恶劣的户籍警在会上作了检讨,向群众交代,发扬民主精神。会上居民代表对户籍警不良作风热烈地展开了讨论,提出了补充意见,并一致赞扬:只有在共产党人民政府的领导下,才能这样民主。居民干部表示今后要好好帮助、督促户籍警改正错误,愿意担负起居民区的工作任务,真正成为政府与居民群众的桥梁,把政府各项政策贯彻到居民群众中去。

以上情况说明,居民群众经过三年来的教育,特别是经过"镇反""三反""五反"等伟大运动,政治觉悟已日益提高,民主生活的要求已渐趋迫切,今后进行民主改革,建立基层政权和建设居民代表会议制度初步具备了条件。

二、东二居民区概况与居民组织状况

组织概况:东二居民区共253户,1186人,其中男610人,女576人,主要职业工人270人,占22.76%;工商业者41人,占3.45%;独立劳动者37人,占3.11%;家务268人,占22.59%。其次是小商贩、学生,失业的人数亦较多(户口与职业分类另附统计)。东二居民区委员会由11个委员组成,设正、副主委各1人,宣传、治安、消防、卫生委员各1人,妇女委员3人,委员1人(没有一定分工)。委员会下分设6小组,每组有正、副组长各1人,妇女代表2人。除委员会由正、副主委领导分工负责推动各项工作外,另有治安保卫小组,设正、副组长各1人,组员3人(由居民委员兼任)。此外根据工作情况并有爱国防疫卫生委员会及护塘护井小组等组织。

组织成员:居委会委员以工人独立劳动者与中小资本家为多(委员情况另附简表),各占3人,学生(资本家女儿)1人,家庭商店1人。按东二居民区居民职业比例来看,工人占总人数22.76%,资本家与独立劳动者只占6.56%,家务占22.59%,而委员成分工人与资本家,独立劳动者三者都相等,没有家庭妇女担任委员,这样的比例似不妥当。但目前存在的问题是:一般工人的工作忙,工会活动多,很难抽出时间来照顾居民区工作;家庭妇女孩子多,缺乏工作能力,并不容易出来工作;一般资本家子弟与独立劳动者工作上比较自由,有空间,能够抽得出来时间照顾居民工作,这是一个矛盾。再从11个委员的文化水平来看:初中1人,高小4人,初小3人,初识1人,文盲2人,文化程度一般较低,进行工作感到有困难。从性别年龄来看,妇女占总人数48.57%,但在委员中女性只3人,较少;该区居委会25岁以下的青年7人,45岁以下的中年4人。青年多,一般工作热情,但方式生硬简单,好出风头;中年人办事稳当,代表性大,只要负责肯干,在群众中反应好,威信高。我们认为该区壮中年的比例尚嫌太少,同时缺乏老年代表人物。委员在政治历史上只消防委员徐金潮曾在敌伪翻译部队做过伙夫,妇女委员王月芬的父亲系伪区民代表,一般没有什么问题,政治态度一般尚积极,7个工商户委员"五反"中尚能坦白自己的违法行为,只1户被评为半守法半违法户,其余6户均为完全守法户或基本守法户。工作上除生产委员俞鑫浦、委员王炳炎,"五反"后担任了同业工会工作,不能照顾居民工作外,其他的9个委员一般工作都是积极肯干的。11个委员中有 5 个在 1950 年第一次改选时就担任居民区委员、小组长等职,"镇反"后被评为防奸治安有功人员的有 4 人。

治安保卫小组,正、副组长及组员均由居民委员兼任,正组长王友根(家庭商店主,副主委),副组长许大鸣(独立劳动者,卫生委员),组员周华泉(小资本家,宣教委员),朱顺海(独立劳动,正主委),王月芬(妇女委员,资本家女儿)。治安保卫小组系由派出所直接领导,主要任务是协助派出所管理反革命分子,负责居民区的治安保卫工作。因此这是比较重要的组织,应该多吸收工人参加,但该组的 5 人均是资本家与独立劳动者,没有一个工人,连治安委员也没有吸收参加,我们认为这是不妥当的。

居民委员会组织上存在的问题:东二居委会的委员虽然一般都能积极推动各项工作,但内部是不够团结的,主要原因是:户籍警领导不抓紧,民主作风差,平时缺乏政治教育,有些问题凭主观出发,引起了居委会不满和不团结。如提拔王月芬做妇女委员,只是形式上在居委会通过,居民群众更不了解①。在居民大会上,户籍警提出王月芬为妇女委员,散会后,即有群众反映说:"王之凯的女儿真有点快,一下子就做妇女委员了。"因此,王提拔后在妇女干部中就发生了不团结。总的说,居民干部来自各阶层,缺乏政治基础,又无核心领导,因而互争名利,经不起打击,更谈不到政治上的团结。

三、居委会活动方式、活动范围与内容

活动方式:中心任务的贯彻与各项运动的推动,由居委会集体领导,发动组织群众学习,委员分头掌握各居民小组,以实现居委会领导,如推动"五反""防疫卫生"等运动即如此。一般的工作则由各委员根据分工情况分别负责,如经常的卫生检查、反革命分子汇报、护塘护井、调解纠纷等。

活动范围与内容:

一是通常属于分工的工作。

1.治安保卫

(1)管制反革命分子,组织学习,协助派出所搜集材料,掌握情况,听取反革命分子每周一次汇报(工作、思想),并利用荒地督促反革命分子在空闲时劳动生产(劳动收入作为拥军优属或办公经费),或帮助护塘护井小组将池塘里

---

① 原文按:王月芬"五反"前从不参加居民区活动,"五反"后才出来参加居民学习,担任小组长,表现一般,文化高,有些自高自大,脱离群众,家庭被评为半守法半违法户。

脏物捞出。

（2）冬防时期与节日（如五一劳动节）组织男女居民晚间巡逻。

（3）调解居民家庭间吵架及小纠纷（不能调解的送派出所处理）。

2.宣传教育

（1）配合中心任务，向居民宣传，组织居民学习政府政策，传达上级（派出所）布置的工作任务。

（2）推动居民订阅书报杂志（时事手册、单印文件等），发动居民观看有教育意义的电影、戏剧。

（3）举办居民识字班，组织居民读报组（读报组没有成功，已垮台），推动居民政治文化学习。

3.卫生防疫

（1）每天由居民干部轮流检查居民家庭卫生 1 次，并有汇报制度。每周三街道、公共场所大扫除 1 次。

（2）组织护塘护井小组，检查捞清池塘脏物，禁止塘里洗澡，每天下午进行井水消毒 1 次。

（3）配合卫生机构，推动居民预防接种。

（4）推动居民扑灭五毒，开展爱国防疫卫生运动，并在晚上轮流值班，以便有情况时布置任务。

4.消防

（1）配合消防总队进行宣传，推动订阅消防半月刊。

（2）经常检查居民区电线，发现损坏，动员居民修理，并推动 5 张电机以上的机坊，置备灭火机。

5.生产

工作任务模糊，没有一定的工作，目前只是推动居民爱国储蓄。

6.妇女工作

（1）配合中心任务及各项运动，发动与组织妇女参加，如："五反"时动员丈夫坦白，组织用功学习，动员妇女检举等。

（2）宣传婚姻法，组织妇女学习，调解夫妻、婆媳纠纷，处理私生子等生活问题（不能解决的请妇联分会协助解决）。

二是一般不属于分工的工作。

1.发动社会互济

动员居民自愿捐助，救济断炊户与半断炊户（东二居民区在今年发动了互

济一次,救济断炊户与半断炊户 20 户 67 人,发放人民币 375000 元)

2. 推动拥军优属

(1)春节组织居民慰问烈军属,送光荣匾、光荣灯,向烈军属拜年。

(2)动员居民捐献书刊费,慰问中国人民志愿军。

(3)组织妇女慰问志愿军伤病员。

3. 介绍以工代赈

协助派出所调查困难户,并介绍贫苦、有劳动力的失业居民参加政府以工代赈工程。

4. 提倡集体缴税

动员居民集体缴纳房地产税,或替居民代缴房地产税。

除以上工作外并配合当前中心任务,发动居民参加各 1 项运动。

四、居委会与居民群众的关系

居民反映与意见:居委会进行了不少工作,是有成绩的,在协助政府、推动居民、贯彻任务、开展各项运动上起了一定的作用,居民对此亦有较好反映,如委员徐金潮每天不辞劳苦地将全居民区 11 口井的井水进行消毒,不少居民表示赞扬,特别是对卓有成绩的防疫卫生等工作反映较好:"今年苍蝇蚊子比往年少了,地方也清洁多了,要是没有居民干部领导我们,我们哪里晓得团结起来搞卫生呢。"但居委会领导居民工作时亦存在不少缺点,因而居民中亦有牢骚和不满情绪。主要由于平常对居民教育工作做得少,居民对新社会前途认识不足,尤其一般老年人思想认识较为落后,对居民工作有些不满意。如注射防疫针后,有些"反应",就埋怨居民干部说:"过去我不打防疫针也没生病,现在打了防疫针反而生起病来,不能做工。"发动搞清洁卫生后,有些居民反映:"我不讲卫生也活了这许多年,路上来去人许多,小孩子一下弄脏了,这样我们变得一天到晚都要扫地了。"有的还说:"你们这些人还以为自己积极,过去当组长的都去枪毙了。"对居民区工作抱对抗情绪。东二居民区大都从事纺织工业(男的织绸,女的纺经和络丝)。目前由于丝织业生产尚未完全恢复,一般生活困难户比较多,全区失业的有 26 人,无业有劳动力的有 37 人,计占总人数 5.31%;困难的小商贩 31 人,占 2.61%。其中断炊户半断炊户有 17 户,共 49 人(30~50 岁 7 户,50~70 岁 6 户,70 岁以上 4 户,大都是贫民与小贩)。由于生活困难,居民区工作不能解决其现实问题,所以就发牢骚。如居民干部去检查家庭卫生时,就对居民干部说:"我家的米桶很干净,请你们去检查检查";居民区召集开会时就说:"我饭也没得吃,你们还要开会开会,吃的这样空,我有的手没处去做,你们不来照顾照顾",表示不满。

居民干部大多数是中、小资本家,"五反"后,工人的阶级意识增强了,对资本家掌握领导居民区的工作不满意。当居民干部找工人家属开会,参加的较少,一般推说:"丈夫在工会开会,自己要管孩子,没有空。"并有工人李兴元的父亲(全家均做工)公开对居民干部说:"你们不管如何积极,都是资产阶级,总是尾巴,我们总是工人,应该工人阶级领导你们。"又如居民区干部去教育人力车工人,工人不听,并说:"你是居民区,我是工人。"意思是我有工会,你居民区管不着我。居民干部对工人的这些态度也不服气,认为:"你在工会里是工人,但住在居民区总是居民,我是居民委员,你就得服从,不能违反居民区规则。"并产生了一种对立不满情绪:"我们是资产阶级,要是居民区都是工人,我们还领导得起吗?工作做不起来了。"

平常居民干部特别是年轻的居委在工作上与群众联系较少,布置工作与处理某些问题上没有做到大公无私,耐心说服,方法简单,态度生硬。因此,许多居民反映:"居民干部有官僚主义,不与群众联系,平常有情面的就客气,没有情面的就很凶,态度难看,吓都吓死。"如在处理居民施天祥家的婆媳不团结问题时,事先没有深入了解情况,只听媳妇的话(她是妇女代表),在一天晚上,有居民干部七八人与户籍警开完会后,路过即去施家,对待年老的婆婆没有采取说服教育,态度比较生硬,要她保证今后不骂人,向媳妇承认错误,如不能做到就要送派出所去。以这样的方法不但没有解决问题,反而引起了婆婆的反感与恐惧。邻居也同情她。这次邻居与老婆婆都向我们反映说:"干部不大公无私,卖交情,只听单面之言,不但没有帮助解决婆媳的不团结,反而以送派出所来威胁。"表示不满意。老太婆说:"居民干部只听一方面讲,七八个人来将我像打老虎一样地打一顿,弄得我头昏颠倒,听说要送派出所,我是吓都吓死。"平常有些妇女干部检查清洁卫生时态度不够好,因此有些居民反映:"妇女干部是我们的晚阿婆。"总的说,居民对居委会组织不够重视,居民干部在进行工作时是会碰到一些困难的,但一般的还能坚持工作,个别的干部受到打击后认为:"何苦要紧,我吃自己的饭,又没有单位收进,还要淘你们的气。少积极一些就少听几句话。"产生消极情绪。

对形成以上问题的分析:派出所对居委会领导薄弱,只依靠户籍警领导工作。一般的户籍警政治认识差,品质不好,文化水平低,旧警察作风未很好改造,对居民工作不够负责。思想上并不够重视,整天东走西走,搜集了几个反映的问题就算了,没能很好领导居委会改进与提高工作。居委会工作无明确方向与重点,所做工作相当广泛琐碎,居民委员普遍反映:"我们居民工作是垃圾桶,同时缺乏一定的工作与会议制度,布置一件做一件,工作被动零乱,坚持性差。"因此,一般工作均是先紧后松,热一潮冷一潮,再加领导方式生硬简单,缺乏教育动员,致使居民群众反映"居民干部有官僚主义。"

由于派出所、居委会平时对居民教育工作做得少,只是在搞运动时组织群众学习,居民对新社会的前途的认识差,一般居民思想比较保守、狭隘,加之生活困难,对以工代赈、解决工作的要求迫切,对居民区公共事业不够关心,往往因居委会不能解决目前实际困难而感不满,发牢骚。对居委会尚未认识到是居民自己的组织,一般居民认为居委会是派出所的助手,是协助派出所管理居民的机构,居民群众对居民干部有些怕的情绪,反映说:"我们是非常敬重他们(居民干部)的。"对居委会布置的许多工作抱着不得不搞、无可奈何的态度,如有些居民看见干部来检查卫生就赶快拿把扫帚来扫地,要开会就找老婆孩子去代到一下,对居民区工作从不发表意见。

工人经过"五反"后,阶级意识增强,但有些过左情绪,对工商业主领导居民工作看不惯,资本家在运用居民区的领导权上,亦有些过分,认为你在居民区还得听我指挥。因此互不相融,矛盾较深。这是居民工作中的一个问题,必须很好解决。

五、居委会经费收支情况

经费种类、来源及支付情况:

东街路派出所辖区总俱乐部经常费系由工商户每月负担,这是固定性的(少的一个单位,多的四五个单位),东二居民区22户工商户每月负担51个单位。

东二派出所辖区民办小学经费亦由工商户负担(以半年为1期,每期少的10～20单位,多的50～60单位),居民区14户每期负担330个单位(负担此项经费的均负担俱乐部经常费)。居委会办公经费每月依靠政府补助的15000元,不够开支,其补救办法是:

1.居民委员与小组长自己出钱补贴。

2.动员居民捐助。

3.居民各种捐献中克扣(如将捐献给志愿军的书刊费扣下一部分,这种做法极不妥当,据说各居民区都有这些情况)。

4.生产补贴。(该区有一大池塘,居委会向居民募得 190 余万元挖深塘泥,由一鱼贩及该区少数居民干部和居民向塘主租来养鱼,说定将养鱼利润所得抽出 10％,作为补贴居委会办公经费。另外并有反革命分子劳动生产所得。)

东二居委会于 1951 年 10 月改选迄今 8 个月来(1951.11—1952.06),共付办公经费 723490 元,其中支出最大的为办公杂支。如订阅报纸一份,每月即需 18000 元,共计支付 351400 元;其次水电费开支也较大,因居民区会议多,又有识字班,这些会议、识字班等都是晚间进行,8 个月共计支付 178900元(平均每月 22363 元);再次是办公室的房租,原来办公处房子系借用,因房主生活困难,最近才补贴其 6 万元(没有固定数字);活动费用比较少,如出墙报纸张、游行用标语旗等,8 个月共付 53100 元,主要原因是一般大的活动都由俱乐部搞或经费由其补贴,有些群众性活动用具如防疫大队的工具则大部分由队员自备或由居民捐助。按过去 8 个月情况来看,居委会经费的使用是存在浪费现象的,如办公杂支项下所支付的买白毛女歌曲、买日记本送民校老师、装修办公室请装修人员吃饭、居民委员家死了人送花圈等等,都是不必要的。根据居委会的日常必需开支来估计,水电与报纸是必要的(每月需 48000元),其他如文具纸张的支用为数不大,我们与居民干部讨论一般 1000 多人口的居民区每月约 6 万元即可维持。

财务管理情况:

1.记账与管钱(副主任)虽分开,但记账的完全处于被动,管钱的报一笔就记一笔,实际情况毫不知道,因而形式上虽然做到会计与出纳分工,但实际互相没有牵制作用。

2.经济公开不够,8 个月只公布 1 次,贴了 1 天,委员间对经济情况均不了解。

3.公款放在副主任委员处,未存银行可随意挪用。

募集方式与群众反映:

1.经费的捐募在形式上虽非硬性摊派,但实际上是一种变相的摊派,表现在每次捐募都是事先找好对象,召集会议动员,当场认定数字。如俱乐部经常费,则先送一聘书(聘请担任财务或财经委员),接受了聘书就得参加会议拿出钱。又如文教费(民办小学)也是这样的,召集开会,学校一学期的费用除了学费收入外,不够的则要到会的人自认捐助。这次防疫大队需要的工具、药品的捐募方式亦如此,但因派出所通知不能向居民募钱,东二居民区就改变方式,采取捐募实物,先将需要物品数量确定,再找对象,召集开会,动员他们圈定认捐(如扫帚 10 把,DDT 1 磅,漂粉几斤,火油 10 斤,等)。

2. 从以上情况来看,经费的负担并不是普遍的,绝大部分均由工商户负担,其中居委会本身的办公经费负担比例不大,8 个月来只捐募 1 次,工商户对此并无反映,对文教费(民办小学)与俱乐部经常费一般都抱着无可奈何的态度,普遍反映:"地方上的事情总要办的,我们不拿出谁拿出呢?反正总要拿出的,生意好一些,只要赚得来是没有什么问题,现在就是生意不好,自己家庭也感到困难。"个别的还说:"民办小学我拿出 40 单位 1 期,自己的两个小孩学费还欠着未拿出,要失学了。"感到负担太重。

六、对今后居委会工作的意见

居委会组织性质:按照过去情况,在通过派出所推动与领导居民群众贯彻完成政府政策法令和各项中心任务上存在不少问题,很难领导居民委员会工作进一步发展和提高。而居民群众经过三年来民主生活的锻炼以及各种运动的教育和发动,政治认识和民主生活的要求已日趋提高,居民群众在居民区工作的组织和方法上亦已取得了初步经验与基础。为了适应居民群众的需要和加强城市管理以保证大规模经济建设的展开,我们认为今后居民委员会的组织应加整顿和改进,使之成为执行上级人民政府政策法令、推动辖区居民贯彻各项中心任务的基层政权组织。因此这一组织是统战性的,但必须由劳动人民掌握,由区人民政府直接领导。

组织范围与工作对象:居委会既属"基层政权",则应以居住单位进行组织,必须包括该地区居住的所有有组织或无组织的各阶层人民,但由于一般有组织的居民(指参加工会的职工)得到教育的机会较多,因此居民区工作对象主要应是家庭妇女和无组织的居民群众,然后辖区全体居民必须统一服从其管理,为了集中力量,搞好居委会工作及便于区人民政府的领导。居民区的范围应适当扩大,人口以 5000 人左右为宜,居民小组则应缩小 20 户至 30 户成立一小组,小组划分视居住集中情况确定,以加强基层,便于发动群众贯彻工作。

组织成员与分工:必须精简居民委员会,增强具体工作的领导,委员会设主委 1 人,副主委 2 人及治安保卫、行政(担负一般民政工作,如优抚社救等)、卫生、宣教四委员,并按四大业务系统设立专门委员会,由居委会委员分工掌握并吸收各阶层积极分子参加领导,以便推动各种工作。居委会应由劳动人民领导,但必须照顾各阶层,注意吸收一定数量的妇女参加,并有一个妇女担任副主委(妇女不设委员和委员会,每区设一家庭妇联分会)。

工作任务:

1.推动教育辖区居民群众执行政府政策法令,响应政府一切号召。

2.执行区人民政府交办事务。贯彻区人民代表会议决议。

3.辖区内的治安保卫(包括消防)、公共文娱、公共卫生、拥军优属、社会互济等工作。

4.召开居民代表会议,密切联系群众,了解群众实际生活状况,及时向区人民政府反映意见和居民要求。

组织领导与干部配备:

1.居民区范围扩大至5000人,原则上由区人民政府直接领导,每一居民区必须。有一个脱产干部(最好是主委脱产),另设一半脱产性的文书(脱产干部相当于乡级待遇,文书津贴其半数均由地方附加负担)协助主委办理文件往来与经费支付等具体事务。

2.居民区区划原则上按目前不予变动(即以1000至2000人口为度)。其组织性质仍属基层政权,组织分工与工作任务,除不建立居民代表会议(可召开居民群众大会)制度外,其余均与上述各点相同;在组织领导与干部配备上,则每10个居民区设一办事处(主任1人,办事员1人,文书1人,均由国家负担)作为区人民政府的派出机构,借此来实现区人民政府对于居民委员会的各项领导。居民委员会内不另设脱产干部。

居委会经费问题:

1.居委会经费办公杂支等费用,为数不大,原则上可由政府负担,列入地方附加中,按实际用途估计5000人口的居委会每月约需15万元,整个预算约需较以前增加25%,如按1000至2000人口设立居委会,其每月最低的开支约需6万元,办事处的经费则应按照国家工作人员供给标准支付。

2.文教经费(民办小学)及俱乐部经常费的负担数较大(每月共106个单位),现尚无妥善办法。原则上仍可采取"自筹自办"的方法。

居委会财务必须公开,现款均应存入银行。

谢觉哉关于全国各级各界人民
代表会议建设情况的报告①

一、截至现在,全国 28 个省和 8 个相当于省的行政区,已开过省各界人民代表会议的有:吉林、松江、黑龙江、辽东、辽西、热河、河北、察哈尔、山西、平原、山东、浙江、河南、湖南、湖北、广东、广西、江西、陕西、甘肃、宁夏、青海、云南等 23 个省,绥远省现正在开;已开过行政区各界人民代表会议的有:苏南、苏北、皖南、皖北、川南、川西、川北等 7 区。上述省、区均成立了协商委员会,内 18 个省选出了省人民政府。全国 13 个中央和大行政区辖市,77 个省和行政区辖市及 3 万以上人口的城镇,均已开过市(或镇)的各界人民代表会议,内 30 个市已代行了人民代表大会的职权。全国 2068 个县,已有 1961 个县开过县各界人民代表会议,占总县数 94.8%(1950 年 7 月全国民政会议时只占 82.5%)。另有 58 个旗,内 46 个旗开过旗各界人民代表会议,占 79.3%。已代行人民代表大会职权的县有 90 个,旗有 5 个。有 23 个县已开过人民代表大会。相当于县的行政区——工矿区、直属区、设治局等全国计有 33 个,有 10 个召开了全国各级各界人民代表会议。中央及大行政区辖市的区 61 个,内 47 个召开了区各界人民代表会议。农村区、乡(行政村),老区一般都开过乡(行政村)人民代表会议,有的开了人民代表大会;新区大都开过农民代表会议,有的召开了人民代表会议。在少数民族聚居地区,大都召开了各族各界人民代表会议或民族联谊会,有的成立了区域自治政府。

各级召开会议,虽还没有建立经常制度,但开的次数却不少。据不完全的统计,一年多以来全国已召开各界人民代表会议的县:开 3 次会议以上的约占 60%;老区(华北,东北)的县一般开了 4 次以上,新区如西南,开 1 次的居多。中央及大行政区辖市多的开了 6 次,少的开了 3 次,一般是 4 次。省、专区辖市开 4 次以上的居多。

二、"国家政权属于人民。人民行使国家政权的机关为各级人民代表大会

---

① 这是谢觉哉在政务院政治法律委员会第九次会议上的报告,原文标题为《全国各级各界人民代表会议建设情况》。

和各级人民政府。"中国人民已取得政权了,现在是人民如何行使政权的问题。一年来的经验证明:凡人民解放军已解放的地区,从速创造条件,召开各界人民代表会议,促进政府与人民间的了解与团结,得到了辉煌成绩,而"在普选的地方人民代表大会召开以前,由地方各界人民代表会议逐步地代行人民代表大会的职权",更加适合各地情况与人民的要求。事实上未代行人民代表大会职权的各界人民代表会议,他们正确的决议或批评亦无不为人民政府所接受。每次会议结束,一般都做了检讨,指出会议的优点与缺点。因为没有经验,缺点在所难免;也正因没有经验,就能不断地创造新的办法与方式。缺点经过指出,很少重犯;优点则在迅速发扬。因此,各级各界人民代表会议,总是开得好的多,下次会议总比上次开得好。干部与人民的相互了解和对行使政权的认识,经过实际的行动而迅速提高。新民主主义的"以工人阶级为领导,以工农联盟为基础的"组成"中国工人阶级、农民阶级、小资产阶级、民族资产阶级及其他爱国民主分子的人民民主统一战线的政权",对人民实行民主,对人民敌人实行专政,已不是纸上写、口头说,而是已进入了人民的实际行动里面。

三、在人民行使政权的各级各界人民代表会议的经验中,有许多各级人民政府所应注意而值得提出的事:

第一,人民要政权,为的是有权力来办自己的和国家的事,首先是用自己的权力来解除反动统治时期加于他们身上的压迫和贫困。因此,在人民代表会议上讨论剿匪、反霸、废除保甲、减租、减息、退押、土地改革、生产、救灾、抗美援朝等工作,极为人民所欢迎。上级政府有意识地把各种工作提交人民代表会议讨论并作出决定,其成效尤为显著。比如:有的省发了"结合土地改革加强民主建政工作"的指示,在县及乡人民代表会议上揭发了地主阶级的反动罪恶,组织农民诉苦,提高其阶级觉悟,同时又学习了土地政策,制定实施土地改革的方案,选出土地改革委员会,他们的土地改革工作就做得彻底,很少发生左或右的偏差。又如,有的城市区,以抗美援朝为区人民代表会议中心议题,马上即变为各界人民抗美援朝的实际行动。又有的地方经过代表会议讨论"镇压反革命",揭发坏人恶迹,清洗混入的坏分子,尤其在代表会议的过程中请代表们参加人民法庭公审匪首,都能使民气大伸,感到政权握在自己手里的可贵。至于讨论生产问题,讨论救济问题,讨论办学校问题,一切与人民有切身利害的事,不仅表现人民对自己已获得的权力的爱护,而且表现人民力量的伟大与智慧的多样,有些干部说:"老百姓的办法真多!"有的则说:"没料到他们竟这样大胆!"

第二，人民对于建政，不只是满足于召开代表会议，还需要人民有各种组织来做建政的基础，有的乡或市镇，先从组织与整顿人民团体入手，在召开代表会议以前，已做了不少对敌人斗争及于人民有利的工作，因而其代表会议开得很自然而且好。

第三，乡及城市区的人民政府，他们干部很少，做的工作很多，"乡干部难当"，自是没有办法的事。但人民的办法多得很！许多开了人民代表会议的乡或城市的区，决定了办法，同时又决定了怎样做，做就要有组织，于是城市区以下，除各职业团体外，创出了居民小组、居民委员会、福利委员会等，乡村则有居民小组、片儿会、经常的或临时的各种工作委员会等，吸引居民中各种积极分子参加。这个办法，越到下级，表现越明显。东北的村干部说："开代表会议，把工作说清，经过代表推动居民，大家起劲干，一下就成功了。"所以生产及支援战争时，会开得特多。

第四，政府在代表会议上，把重要工作优点缺点忠实地报告，不仅能加深人民对政府的信任，并且对政府工作人员是一种很好的督促。代表们畅所欲言地对政府批评或建议，政府能开诚接受或予以说明，不只能纠正某些干部的偏差，且能使人民与干部更加团结。

自然，要启发代表们充分发言，是不容易的，长期受压迫的人民，忽然起来做主人，开始总有点顾忌。泰州摊贩代表李保荣说："我接连参加了四次会议，第一次是'听会'，第二次是'说好话'，第三次是'开展批评'，第四次才是'大胆说话，畅所欲言'。"这里告示我们：妨碍人家说话是不对，而以为会上有人说话就满足，也是不对。

第五，代表成分的广泛性与严肃性，越来越加强了。这里只举两个例子：北京市第三届各界人民代表会议代表的产生，各公营工矿企业的代表，专科以上学校的代表，已做到以生产或学校为单位，由选民大会直接选举；农民代表，工商界、青年、妇女代表和区域代表等，已普遍做到由代表会议选举。以上两类代表，已达代表总数的83%。又哈尔滨市，市代表369名内，没有无职业的，该市各区各界人民代表会议代表共1210名，其中无职业者也仅29名。这里可见代表们所代表的，真是各体力劳动、脑力劳动与从事于国家社会有益工作的人民。

第六，开会、提案、讨论、选举、表决，各地都在形成一套有益的简便的方法，旧民主的形式主义吃不开了。

第七，少数民族的建政，正以适合他们的要求而发展。他们对区域的民族自治甚感兴奋,对能用自己的话说出自己的要求,非常高兴。在他们面前的新的现象:如他们彼此间的关系在改善(如青海草地民族互相仇恨、西康夷民打冤家的已和了不少);对汉族关系也在改善(说现在的汉人干部不是可怕而是可爱);他们的自信心也在增长(某苗人代表说:"以前以为我们落后,不能管事,现在在毛主席领导下,知道我们也行。")。同时,他们的生活,也随着他们的已有了权力,而正在改善。

一年来各级各界人民代表会议的收获不能概述,上面仅举其一斑。一般说来,省及大城市的人民代表会议,已一次一次地更熟练,人民与政府的团结更密切。最近北京市及其他各地的乡及城市的人民代表会议均创造了不少新的经验及方法。县的人民代表会议则已成为传达政策、总结经验、领导全县工作的枢机。

四、去年全国民政会议上曾经指出过与批评过的一些对建政工作不正确的观点,如:把人民代表会议和其他工作并列着看待,认为要有工夫才召开;把召开会议当做上级交下的任务,上级催就开,不催就搁下;怕开人民代表会议,民主多了,事难办;政府人员不重视会议,不到会,或到会的态度不严肃;把代表会议当作干部会,政府布置工作,代表们接受任务;不民主,压制发言;不高兴代表们对政府工作提出批评;没有很好地做会议准备;不尊重决议,下次会议提不出上次决议执行情况;代表成分不广泛或混入有不合资格的人等。这些都在事实面前得到了教训,正在纠正,也不容许不纠正。伟大的人民,正以主人翁的姿态,掌握自己的命运,大踏步地向前进。

五、但是建政工作存在的缺点还多,比如:上面说的良好的现象,虽在发展,但并不普遍,各地区有很大的不平衡状态;各地对人民代表会议是组织国家的基本工作,应成为经常制度的认识,还很不够;会议上发扬民主不够或不善于运用民主;个别地区还未重视建政工作,对各级干部没有进行切要的民主专政的建政教育;不顾客观实际条件,急于进行普选;尤其重要的是对各地人民代表会议许多新的创造——方法、经验和成绩,缺乏及时的整理、推广;至于有意识地去发现与创造新的方法及经验,重视得还少。

为着配合全国准备实行有计划的经济建设,建政工作必须更进一步地加强,纠正不好的,发扬好的。刘副主席①说:"新民主主义的经济建设必须有新

---

①　原文按:指中华人民共和国副主席刘少奇。

民主主义的政权来领导和保障,没有新民主主义的政治,就不能有新民主主义
的经济,即不能有以社会主义的国营经济为领导的五种经济成分相结合的经
济。这也是我们的新民主主义革命区别于过去资产阶级革命的一个显著特
点。在资产阶级革命即资产阶级政权建立以前,就存在着并发展着资本主义
经济,但是以社会主义的国营经济为领导的新民主主义经济,就只有在以工人
阶级为领导的新民主主义的国家政权建立之后,才能加以组织并使之发展。
新民主主义的政权建设,人民民主政权的发展,我们国家的民主化和新民主主
义的经济建设,人民经济事业的发展,我们国家的工业化,是不能分离的。"这
就是说,必须把人民广泛地与密切地组织到人民民主专政的政权里,只有这样
"才能保障新民主主义的经济发展和国家工业化"。

因此,我们要在今年内做到:必须按期召开各级各界人民代表会议,使之
形成经常制度;尽速创造条件,使各级各界人民代表会议代行人民代表大会的
职权,选举各级人民政府,特别是市、县人民政府;10万人口以上的城市,均应
召开区各界人民代表会议;调整区乡行政区划;建立与健全区以下的基层组
织;各省区继续做典型试验,收集与创造新的建政的方法与经验;加强省、市协
商委员会和县常务委员会的工作;在少数民族聚居的地区,召开各族各界人民
代表会议,推行民族的区域自治。

最后,为使建政工作顺利进行,必须大批地训练干部,我很同意陶希晋秘
书长训练政法干部的提议,中央要训练,各大行政区、省也要训练,训练的对象
为现有的民政干部、土地改革中涌现的工农积极分子以及革命知识分子。要
求逐步做到每县(市)行政干部有些受过大行政区、省的训练,并且至少有一人
来中央受过训。

1951 年 3 月 12 日

【选自《谢觉哉文集》,人民出版社,1989 年】

安庆市基层政权组织情况与今后调整意见

（甲）目前市基层政权组织形式

为了市政统一领导，做到政警合一，安庆市于 1949 年 7 月间取消了区政权。按原有集贤、大观、中心、枞阳四区成立四个派出所，下设民政干事一人，负责办理民政业务。其组织领导：派出所下设行政大组，大组下辖居民小组，每大组分配户籍员 1 人，除负责该大组户籍登记管理处，协助大组进行一切民政工作。外勤 1 人，负责调查侦缉，内勤 1 人负责总结报告和所内日常事务。所长 1 人负责全面领导。其余都为户籍员。派出所干部最少 12 人，最多 17 人。行政大组和居民小组均设正副组长。为了适应工作发展要求，派出所与行政大组均设立各种委员会。吸收积极分子，动员群众力量，来推动工作。根据目前情况，派出所下设优抚、生救、文教、调解、房捐、评议等委员会和抗美援朝分会。行政在组下设调解、治安小组，抗美援朝分会，优抚分会和青年妇联大组（负责组织一般无组织之男女群众）。居民小组下设青年和妇联小组，而各级之各种委员会负责人，所长及组长均可兼职，以求得统一领导。最大派出所辖有 38000 人口，12800 户。最小的辖有 24000 人口，3750 户。行政组最大的辖 1600 户，3538 人。最小平均辖 560 户，1100 人。居民小组平均 50 户至 100 户，100 人至 300 人。行政大组和居民小组，均系在废除保甲后按自然街道区划的。

（乙）政警合一的优缺点

（一）政警合一最好一点，是以行政面目出现来进行治安工作，更能使治安工作发挥群众性的效能。在民政工作中来做好治安工作有事半功倍、一举两得的效果。如户籍员通过救灾及抗美援朝运动，来做户籍调查，更多地搜集掌握一部分正确材料，同时警政密切配合，减少一切不必要的手续和隔膜，统一领导，在群众中有统一目标，工作步调取得一致。

（二）缺点在以前一度发生治安观点，强调治安垂直领导，民政工作无形中搁置,该民政干事一人去搞,使民政工作受到一些损失。在去年9月市府成立,领导统一后,这种偏向已获得纠正。目前存在的问题是民政工作逐渐开展,工作忙不过来,政警双方受损失。所长身兼数职,全部精神放在民政工作方面,治安工作只能每天作一布置,每个户籍员,平均所辖最少有460户,最多有1600户。同时要兼做民政工作,因此工作草率。最近调查,大组户籍存在有几个问题:漏户,人口统计不正确,年龄有6岁开成8岁的。在民政工作方面,也只能应付,无计划,无步骤,无检查,不总结。

(三)行政大组户口多,工作忙,组长不脱离生产,生活工作都受影响。枞阳区文昌二大组组长韩雅如,工作忙,无办法再进行生产取得收入来维持生活,搞得唉声叹气。中心区杨家大组组长魏少卿,饿肚子工作,派出所想照顾他生活,商讨改选,但他又背起来"不积极不觉悟"的包袱。今后对这一点,如不设法纠正,是个严重问题。

(丙)今后市区的组织领导区划
问题我们提以下初步的原则意见

(一)设区:市区设3个区,党政警民统一于区委会领导。派出所除原有组织外,按中央规定需增设户籍警,每大组1个。

(二)划小行政组:原则上以200户至250户设一行政大组,居民小组按街道情况以25户至30户为准,而行政大组在工作展开后的办公费,须如何解决,请□。

(三)郊区现有3个乡,五千多人不管不好,领导又很不方便。我们意见在怀宁西北方面,十里铺以内及菱湖全部(按:菱湖原为安庆名胜,这三分之二归怀宁,三分之一归安庆)划3万至5万人口,使在郊区专设一个区,以便集中统一领导。

(四)根据以上要求,干部问题是很不好解决的,一般干部如上级不易解决,我们计划在暑假通过青年团,动员青年团员,自行招收一批青年学生及城市贫苦知识分子加以短期训练。但骨干问题,请仰上级给予解决。且城市一切水准又高,干部条件和乡村有些不同,因市府成立不久,也无从提拔。培养又不是一时的事情。干部详细情况以前曾有详报,望请支援。

1951年5月26日

【由安庆市民政局提供】

北京市第七区组织居民宣传队的经验

中共北京市第七区委员会

北京市第七区在五月份建立了居民宣传队,经常向居民进行抗美援朝的爱国主义教育。这支宣传队是由四月份普及抗美援朝运动中的积极分子组成的,现有队员 865 人,其中妇女占 42％。他们按派出所分为 15 个队,又按街巷分为 127 个小组,每组有队员 3 人至 12 人。

宣传队建立以后,队员们先后学习了关于朝鲜第五次战役的新闻、彭真市长关于镇压反革命问题的报告、和平解放西藏办法的协议的有关材料、抗美援朝总会 6 月 1 日发出的三项爱国号召和怎样订立爱国公约等。各队即根据这些内容,普遍向群众宣传过两三次,一般都受到群众的欢迎。

在组织宣传队工作中,在领导方面所遇到的问题和解决这些问题的经验,主要有下列几点:

一、宣传队的领导问题。七区的宣传队,是由区抗美援朝会领导的,各宣传队因建立不久,问题很多,因此区的领导部门配备了较多的干部来领导宣传队(由 8 名常赴各派出所工作的干部,每人领导 1 个到 3 个宣传队);同时又注意了培养宣传队队长的领导能力和威信,定期召开队长联席会议,防止干部包办代替(这个现象现在已经发生),以便使宣传队真正成为群众的宣传组织。将来各宣传队的队长有了一定的独立工作能力以后,即可将干部逐渐抽回,只留两三人机动地指导各宣传队的工作。同时,分配机关宣传员去做宣传队的政治教员,帮助队员学习。此外,目前有些宣传队长、队员兼有其他工作,为了珍惜他们的时间和精力,区的领导机关决定不要开会太多,而且要有计划地解决他们的兼职问题。

二、队员条件和审查问题。最初建立宣传队时,区的领导机关提出了可做宣传队员的条件是政治清白,作风正派,自愿并热心做宣传工作。物色队员的办法是:首先由干部和各派出所的抗美援朝会从群众积极分子中选择对象,提出名单,由干部和派出所审查;在征得本人同意后,再经领导机关批准。同时,我们又在全区居民抗美援朝代表会上报告了建立宣传队的意义和队员的条件。以后,又在群众中公布了宣传队员的名单。这样,使宣传队在群众中树立了威信，也鼓舞了队员的工作情绪。但在开始时，我们对宣传队员的条件要求太高，缩小了宣传队伍，并且影响了一些未被吸收做宣传队员的积极分子的工作情绪，因此，后来又适当地多吸收了一些宣传队员。现在各派出所宣传队员的人数，占抗美援朝代表会代表的三分之一左右。我们认为宣传队是群众性的宣传组织，队员的一般条件不能要求过高，但必须注意政治条件。此次因为审查疏忽，竟让一个一贯道坛主也混进了宣传队，这是一个教训。

三、队员的教育问题。宣传队员的工作情绪一般都很高，但对时事、政策所知很少，文化水平也较低（文盲半文盲占 28%；粗通文字和小学程度的占 63%；文化程度较高的只占 9%），因此必须组织他们进行学习。现在，各宣传队都已订立了每周一次的学习制度。学习的内容是：宣传什么就学什么。学习的方法是：先由干部讲解，然后讨论。每次只讲一个或两个问题，通俗简短，时间不要太长。今后还准备订出宣传队员的学习计划，增添一些政治常识的学习内容。

四、宣传方法问题。5 月上半月，各宣传队主要是采用召开居民座谈会和进行家庭访问的方式来宣传。但如果经常使用这些方法，不独队员费时太多，群众也会感觉厌烦。5 月下半月，各队都采用和创造了一些新的宣传办法，如组织居民收听广播、举办小型的展览会、组织学习班、识字班、读报组和办黑板报等。这些方法，都是切实可行的，很受群众欢迎。今后必须继续发挥群众的创造性，由他们想出更好的宣传方法，并不断总结经验，推广好的方法。而不应该主观地先规定一套统一的宣传方法。但应注意教育宣传队员：不可随便召集群众开会。第八派出所某宣传队员曾自行召开了一个百余人的群众会，在会上乱讲一通，引起群众很大的不满。

【选自《人民日报》1951 年 7 月 10 日】

皖北人民行政公署关于安庆市调整组织意见的批复①

市长阅交民政科存查　　　国八九

你市庆民字第七五二号呈,为送基层政权组织情况于今后调整意见,兹核复如下:

一、在不超过你市报给人数内同意设区,唯区以下不必设大小组的重叠机构。可根据中央内务部谢部长关于全国各级各界人民代表会议建设情况的报告:"……城市区以下,除各职业团体外,创出了居民小组,居民委员会,福利委员会……"采用居民小组或居民委员会。

二、菱湖全部如有留的必要,你们可商同怀宁县政府,研究会汇报后,再行核办。

三、所缺干部问题可由安庆专署予以配辅领导骨干,另外,不再招收在校学习之学生,可个别吸收新人员。

主任:马山石

1951 年 8 月 6 日

【由安庆市民政局提供】

---

① 原文标题为《皖北人民行政公署批复:复调整组织意见》。

各地建立机关宣传员的经验

　　机关宣传员在全国许多地方已经陆续建立起来。例如华东地区的机关宣传员据八月份的不完全统计,已有 2481 名。东北辽东省的机关宣传员据 8 月份统计已有 3300 余人,占该省宣传员总数的 8%,其数目仅次于农村宣传员,而质量一般都较好。察南地委直属机关的宣传员在今年 3 月间已有 175 人。各地已建立起的机关宣传员,对于加强党的群众宣传工作,一般都起了重要的作用。

　　机关宣传员工作的作用和成绩,主要表现在以下几点:

　　一、加强了驻地居民中的宣传工作,推动了当地中心工作的完成。浙江省及杭州市的机关宣传员在抗美援朝与镇压反革命运动中,曾对 10 万以上居民进行了宣传。苏北区党委机关的宣传员经常担负着 45 个治安区的宣传任务。浙江嘉兴地委机关有 4 个宣传员在 1 个月中就对居民进行了 31 次宣传,受宣传的群众达 2500 余人;该地居民在宣传员的教育下,把机关附近的 17 个反革命分子都先后检举出来,大大加强了机关附近的治安保卫工作。

　　二、密切了党和人民政府对群众的联系。山东省人民政府机关的宣传员由于对驻地 3000 多户居民进行了爱国主义教育,并帮助群众解决一些疑难问题,因而获得了群众一致的好评。许多群众说:"人民政府的干部不摆官僚架子","国民党反动派是叫老百姓莫谈国事,人民政府却要人民管理国家大事。"浙江嘉兴地委机关的宣传员,有几天不到居民中去工作,居民就要求居民委员会主任去邀请;群众感到机关宣传员和他们密切相连,有事不和宣传员商量,不听宣传员解释,就有些不放心。

　　三、活跃了本机关和驻地群众的政治、文化生活。机关宣传员在进行工作中,帮助驻地培养了群众宣传工作的积极分子,建立或充实了各种群众性的宣传教育组织。如浙江省委宣传部机关的宣传员帮助居民委员会成立了文化室、识字班、歌咏队、话剧组等组织,使居民的政治文化生活立刻就活跃起来,从此也就打下了对群众经常宣传的基础。

　　机关宣传员应该怎样建立,在华东、东北等地已经取得了以下的初步经验:

　　一、必须教育机关党员、干部重视机关宣传员的建立,打破思想上的障碍。

建立机关宣传员之初,有些同志往往存在一些不正确的认识。例如:把对群众进行宣传工作,只看成是地方工作,机关支部不必去作;强调工作忙,没有时间去宣传;以及认为机关只需抓紧学习,无建立宣传员的必要等。另外,还有些党员、干部进到城市后,在思想上不大愿和群众接近,对城市居民的各种习惯不够熟悉,这也为建立机关宣传员造成一些阻力。这一切障碍,机关党委应该在建立宣传员时,首先经过教育予以克服,使每一干部认识到建立机关宣传员的意义和作用,使机关宣传员都明确认识自己的工作任务。宣传员建立以后,机关党委应注意对他们的领导,建立检查督促宣传员工作的经常制度。杭州市委机关和山东省省级机关的党委,都把这一工作列在爱国公约和工作计划以内,这对于推动宣传员工作有很大作用。

二、机关党委和驻地的党委(市委或区委)应在领导宣传员的工作中互相主动联系,并由驻地党委统一领导机关宣传员对居民进行工作。杭州市的机关宣传员由于有地方党组织的领导,并注意发挥居民委员会的作用,就使工作进行得很顺利。相反的,嘉兴市委机关的宣传员由于不通过地方组织,自己直接到居民中去访问,结果引起了群众不必要的怀疑,工作没有收到应有的成效。对机关宣传员的使用,还应注意不要影响其日常的工作和学习,防止先紧后松不能经常坚持宣传的现象。辽东省委为纠正这一点,曾规定:机关宣传员的主要任务是向当地居民进行时事政治宣传和中心任务的宣传,地方党委不应把每一时期所有的具体任务,都照样布置给机关宣传员。这种规定,对克服过重地使用机关宣传员的偏向,是必要的。

三、机关宣传员的宣传地区和宣传对象,应该尽量做到固定化。杭州市委机关宣传员在统一划分工作地区后,一个宣传员小组固定到一个居民区宣传,一个宣传员固定到居民小组宣传。山东省省级机关宣传员都做了分工,分别领导和掌握驻地的民校、黑板报等群众宣传教育组织和工具。这样去进行工作有极大的好处,主要的是可以使机关宣传员和自己的宣传对象建立经常的联系,并可以实行宣传工作的负责制。如有一个宣传员每天向一军属读报,几天后经过这家军属的介绍联络,就组成了一个有 12 人参加的读报组。

四、机关宣传员在驻地居民中进行宣传的方式,归结起来有以下几种:(1)逐户宣传和访问。(2)小型座谈会。(3)通过黑板报、读报组、民校等组织进行宣传。(4)培养和帮助地方宣传员、积极分子,推动他们去宣传。(5)进行化装宣传和漫画图片宣传。(6)在大的政治运动或纪念节日可帮助驻地党的机关召开群众大会,并在大会中作宣传。上述的几种宣传方式,机关宣传员都可采用,但一般应以口头的、小型的宣传为主,并应特别注意通过和帮助群众经常的宣传教育组织去进行工作。

【选自《人民日报》1951 年 10 月 28 日】

1952

城市街公所组织暂行办法(草稿)

一、组织街公所旨在便于领导居民工作,贯彻政策法令,更加密切政府与人民群众的关系。街公所为区人民政府或不设区的市人民政府以居民工作为主要任务的派出机关。

二、市内区凡人口在 10 万以上者,均须在区人民政府下设立街公所;凡人口在 3 万以上 10 万以下者视工作需要亦得设立,但须经省(市)人民政府批准;人口在 3 万以下者,由区人民政府直接领导居民委员会。

不设区人民政府之市,凡市内人口在 3 万以上者,得视工作需要,经省人民政府批准设立街公所,其原设有区公所者不设,或将区公所改为街公所;凡人口在 3 万以下者,由市人民政府直接领导居民工作。

三、街公所的任务。

(1)指导与帮助居民委员会的工作;

(2)执行市区人民政府交办事项。

四、街公所的设置一般应与公安派出所的管辖范围相一致。

五、街公所设街长 1 人,视工作繁简、管辖范围大小,设干事 3 人至 7 人。

街公所建立后,原驻派出所内的民政干事即行撤销。

六、市、区各部门需交街公所办理的工作,须经市、区人民政府同意并统一布置,工作上必须互相配合密切联系。

七、为统一街道工作步骤,得举行街长或公安派出所等有关单位的联席会议。

八、街公所的街务会议,每周召开一次;必要时得召开临时会议,并定期向市、区人民政府报告工作。

九、街公所的办公费及工作人员的薪给,由市人民政府统一拨发。

十、本办法经中央人民政府政务院批准施行。

1952 年

城市居民委员会组织暂行办法(草稿)

一、组织居民委员会旨在加强和统一城市居民工作,解决居民福利要求,密切政府与居民的联系。居民委员会是群众性的自治组织,不是城市的基层政权,不应使之负担过多的行政任务。

二、居民委员会的任务。

(1)办理有关居民治安、文教、卫生、优抚、调解及其他福利事项。

(2)响应政府号召,宣传执行政策法令。

(3)反映居民的意见和要求。

三、居民委员会的组织。

(1)居民委员会,按居民自然居住情况与生活福利要求,一般以120户至500户为范围组织之。情况特殊者少不得少于80户,多不得多于1000户。

(2)在居民委员会区划范围内,由居民每10户至30户,成立1个居民小组,每组选举委员1人,组成居民委员会,区划范围较大者由每一居民小组选举代表1人,由代表推选委员7人至17人组成居民委员会。

(3)居民委员会设主任1人,必要时得设副主任1人至3人。并得视工作需要,分设治安保卫、文教、卫生、调解及优抚救济等工作委员会或工作组,在"一人一职"的原则下,分工进行工作;如工作需要增设工作委员会或工作组者须经市、区人民政府批准设置之。范围较小的居民委员会,无设各种工作委员会之必要时,可由委员分工进行工作。

(4)居民委员会区划范围内的工厂、企业、机关、学校,其成员一般不参加居民委员会的活动,必要时可派代表参加居民委员会的有关会议,并讨论居民委员会有关居民共同利益的规定。组织职工家属委员会的职工住区,不建立居民委员会。但家属委员会应受市、区人民政府或其派出机关与工会的双重领导。

四、居民委员会的领导关系。

(1)居民委员会受区、未设区的市人民政府领导及受其派出机关的指导。

(2)市、区各部门在居民中进行工作时,须经市、区人民政府同意后统一布置。

（3）治安保卫委员会或治安保卫小组受居民委员会与公安派出所的双重领导。

五、居民委员会的制度。

（1）居民委员会的委员与代表任期为一年，委员、代表如有不称职或因故去职时，得随时改选补选之。

（2）居民委员会视工作情况自行规定会议制度，有居民代表的地区必要时应召集居民代表联席会议。居民代表或不设居民代表地区之居民委员会之委员，分别联系本居民小组之居民，反映居民的意见和要求，并根据居民代表联席会议或居民委员会会议的决定，领导本小组居民进行工作。

（3）居民委员会应定期向居民报告工作，征求居民意见，接受居民批评。

（4）经费收支账目应按季公布。临时筹集的福利事业费收支，应于事业办理完毕，即行公布。居民委员会的经费开支标准另行规定。

六、本办法经中央人民政府政务院批准施行。

1952 年

华东军政委员会关于10万人口以上
城市建立居民委员会试行方案(草案)

为了组织城市全体居民,充分发挥人民民主,贯彻人民政府法令,并更好地为城市居民服务,在华东10万人口以上城市试行组织居民委员会。

一、居民委员会

(一)居民委员会按照居民居住情况,以1000人口到10000人口左右为范围组成之。

(二)居民委员会的工作以无组织的和经常在居住地区的居民为主;参加生产的有组织的劳动人民如工厂工人、机关职员、学校教员等,参加活动与否,听其自愿。

机关、驻军、工厂、企业、学校、医院等不必参加居民组织,但应遵守居民委员会有关居民共同利益的规定,履行一般居民应尽的义务。

(三)居民委员会的组织如下:

1.居民委员会由居民代表会议选举主任1人,副主任1人至5人(主任副主任中,应有妇女参加),委员若干人组成之。

2.居民委员会主任、副主任和委员,任期为一年,连选得连任。

3.居民委员会日常工作,由委员分工负责领导代表进行。

4.居民委员会下设治安、消防、文教、卫生、调解等工作委员会。必要时居民小组内可产生各种专门代表,在上述委员会指导下进行工作。

5.居民委员会每星期召开一次,必要时得临时召开之。

6.居民委员会应以劳动人民及其家属为骨干,团结各界人民共同进行工作,并以妇女团体为主要支柱。

7.尽量吸收烈、军属,革命残废军人,转业军人参加工作。

(四)居民委员会的职权如下:

1.宣传人民政府各种政策法令,提高居民政治觉悟。

2.进行居民中的治安、消防、公共卫生、文化娱乐、调解纠纷等工作。

3.经常征集和反映居民的意见和要求。

（五）居民委员会受区人民政府直接领导，如区的人口和居民委员会的数量太多，得在区人民政府下设立若干办事处，作为区的派出机关；或设置民政干事若干人，在区人民政府领导下进行居民委员会的工作。

居民委员会应按月向区人民政府报告工作。居民委员会的重要决议或召开全体居民大会，须经区人民政府批准。

居民委员会下设各种工作委员会，受区业务部门与居民委员会的双重领导。

（六）市、区人民代表会议的区域代表，得列席本人住区的居民委员会议和居民代表会议，协助居民委员会进行工作，但不必再兼居民委员会的职务。

（七）居民委员会主任或副主任，必须脱离生产者脱离生产，其薪给及居民委员会的办公费由人民政府统一拨给。消防、文娱、卫生等经费按人民政府各业务部门的计划办理，禁止摊派。如尚有其他居民福利款项必须筹募，须照市、区人民政府规定，定期编造预算并说明筹募方法，由居民代表会议讨论通过，经区审查，呈请市人民政府批准后方得进行筹募。（上海市居民委员会单位太多，可由市授权区人民政府批准。）

二、居民代表会议

（一）居民代表会议的组织如下：

1. 在居民委员会区划内以居民 10 户至 30 户左右组成居民小组，每一居民小组选举居民代表 1 人，组成居民代表会议。必要时区人民政府得酌情聘请居民中有代表性的人士为居民代表。

2. 凡反对帝国主义、封建主义、官僚资本主义，赞成共同纲领，年满 18 岁之人民，除患精神病及被剥夺政治权利者外，不分民族、阶级、性别、信仰，均得当选为居民代表会议代表。

3. 居民代表应推动居民小组进行工作，反映居民意见，并经常接受居民对其工作之检查。

4. 居民代表会议代表每年改选 1 次，一般于春节前后举行，连选得连任。代表如不称职，经组内居民多数同意，得随时更换之。

（二）居民代表会议的职权如下：

1. 讨论和执行市、区人民代表会议和市、区人民政府有关居民的决议和指示。

2.听取和审查居民委员会的工作报告,向区人民政府反映人民的意见和要求。

3.讨论有关本居民委员会范围内各种兴革事宜;向区人民代表会议提出各种建议。

4.审议本居民委员会的预算和决算。

5.向居民传达并解释居民代表会议的议决事项。

6.居民委员会主任、副主任和委员经区人民政府批准后得选举或撤换之。

(三)居民代表会议每月开会1次,必要时得开临时会议。

三、附则

本方案(草案)经本委会行政会议通过后执行。

1952 年

上海市居民委员会组织暂行办法（草案）

一、总则

本暂行办法根据华东军政委员会关于 10 万人口以上城市建立居民委员会试行方案，结合本市情况定之。

二、组织范围

（一）本市各区人民政府按照本区居民居住情况结合人口分布，一般以居民 3000 人口左右为范围组成居民委员会。特殊情况（如一个里弄不可分割或人口过分分散、建筑物特殊等）最高不宜超过 10000 人口，最低不宜少于 1000人口。并以所属区及其街道、里弄、大楼之名称称之（如××区××里居民委员会）。其中数个里弄组成的，以其主要里弄称之，或数个里弄名称称之。

（二）居民委员会工作以所在地区居民为对象，以劳动人民及其家属为主要组织成员，并以妇女团体为其主要支柱，团结各界居民共同进行工作。

参加生产的有组织的劳动人民如工厂工人、机关职员、学校教员等，参加活动与否，听其自愿。

机关、驻军、工厂、企业、学校、医院等不必参加居民组织，但应遵守居民委员会有关居民共同利益的规定，履行一般居民应尽的义务。

三、居民委员会

（一）居民委员会，由居民代表会议选举主任 1 人，副主任 1 至 3 人（主任与副主任中应有妇女参加），委员 7 至 15 人组成之。

居民委员会主任、副主任和委员任期为一年，连选得连任。

（二）居民委员会的职权如下：

1.宣传人民政府各种政策法令，提高居民政治觉悟；

2.依照政府法令规定进行居民中的治安、卫生、文化教育、调解、福利等工作；

3.经常征集和反映居民意见和要求；

4.执行居民代表会议的各项决议。

(三)居民委员会下,一般设立下列各种专门工作委员会,分工办事:

1.治安保卫委员会:发动居民协助人民政府防奸、防谍、防盗、防火与肃清反革命活动,以保卫居民和公众治安。

2.文教委员会:宣传人民政府决策法令,组织居民进行政治、文化学习,展开居民正常文化娱乐活动。

3.卫生委员会:动员督促居民进行经常清洁工作,搞好居住卫生、宣传与推动妇儿保健工作,并发动居民进行必要的疾病预防措施。

4.调解委员会:调解居民内部一般纠纷,以加强居民团结,并协助司法机关调查诉讼案件,搜集材料与意见。

5.福利委员会:处理公用水电,有关居民救济福利及不属于其他委员会有关居民日常福利的工作。

居民委员会得根据所在地区需要,经区人民政府批准设优抚、消防、水电管理等委员会,或经区人民政府布置或批准,设置其他专门或临时委员会。

各种专门委员会设正副主任各1人,委员5至11人。正副主任、委员由居民委员会提名,经居民代表会议通过产生。如有不称职时,得由居民代表会议通过撤换。

以上各种专门委员会的工作细则另行订之。

(四)居民委员会委员工作,可作两种分工:一种分工参加专门委员会;一种分工分地段领导居民代表进行各专门委员会工作,由专门委员会分工联系居民小组中产生之各种专门代表进行。

(五)居民委员会每半月召开1次,必要时得临时召开。

(六)市、区人民代表会议的区域代表,得列席本人住区的居民委员会和居民代表会议,协助进行工作。

四、居民代表会议

(一)居民代表会议的组织如下:

1.在居民委员会区划内以居民10户至20户左右组成居民小组,每一居民小组选举居民代表1人,组成居民代表会议,必要时区人民政府得酌情聘请居民中有代表性人士为居民代表。

居民代表会议讨论专门问题时得邀请有关专门工作委员会主任、委员及专门代表列席参加。

2.凡反对帝国主义、封建主义、官僚资本主义,赞成共同纲领,年满 18 岁之人民,除患精神病及被剥夺政治权利者外,不分民族、性别、信仰均得当选为居民代表会议代表。

3.居民代表领导居民小组(包括各种专门代表在内)进行工作,反映居民意见,并经常接受居民对其工作之检查。

4.居民代表会议代表每年改选 1 次,一般于春节前后举行,连选得连任。代表如违法或不称职者,经居民委员会同意,由本组居民随时更换之。

(二)居民代表会议的职权如下:

1.讨论和执行市、区人民代表会议和市、区人民政府有关居民的决议和指示;

2.听取和审查居民委员会的工作报告,向区人民政府反映人民的意见与要求;

3.讨论本居民委员会范围内各种兴革事宜,向区人民代表会议提出各种建议;

4.审议本居民委员会的预决算;

5.向居民传达并解释居民代表会议的议决事项;

6.居民委员会主任、副主任、委员经区人民政府批准后选举或撤换事项。

(三)居民代表会议每月开会 1 次,必要时得开临时会。

五、领导关系

(一)居民委员会受区人民政府领导,区人民政府通过区人民政府办事处实现其领导。居民委员会应按月向区人民政府办事处报告工作,召开全体居民大会时,须经办事处批准,居民代表会议的重要决议,须经呈请区人民政府批准后方得执行。

(二)居民委员会下的各种专门委员会的工作关系如下:

1.治安保卫委员会组织上受居民委员会领导,业务上受公安派出所领导。

2.其他各种委员会受居民委员会的领导及区各业务主管部门的指导。

六、经费

居民委员会费用应按区人民政府的规定办理,禁止摊派。至于居民福利款项必须进行筹募时,应事先编造预算并说明用途与筹募方法,经居民代表会议讨论通过,呈请人民政府批准,方得进行。其收支情况应分别向区人民政府办事处报告,并向居民公布。

七、附则

本暂行办法经上海市人民政府批准后施行，修正亦同。

　　　　　　　　　　　　　　　　　　　　　　1952 年

唐山市人民政府关于建立居民委员会试行方案

为了组织城市全体居民,充分发扬人民民主,贯彻人民政府法令,并更好地为城市居民服务,街道应组织居民委员会。

一、居民委员会

(一)居民委员会一般按照公安派出所所辖地区组成之。

(二)居民委员会的工作以无组织和经常在居住地区的居民为主,参加生产的有组织的劳动人民如工厂工人、机关职员、学校教员等,参加活动与否,听其自愿。

机关、驻军、工厂、企业、学校、医院等不必参加居民组织,但应遵守居民委员会有关居民共同利益的规定,履行一般居民应尽的义务。

(三)居民委员会的组织如下:

1.居民委员会由居民代表会议选举主任 1 人,副主任 1 人至 5 人(主任副主任中应有妇女参加),委员若干人组成之。

2.居民委员会主任、副主任和委员,任期为 1 年,可连选连任。

3.居民委员会日常工作,由委员分工负责领导代表进行。

4.居民委员会下设治安、建设、文教、卫生、调解、优抚、财经、生产等工作委员会。必要时居民小组内可产生各种专门代表,在上述委员会指导下进行工作。

5.居民委员会每半月召开 1 次,必要时得临时或延缓召开之。

6.居民委员会议以劳动人民及其家属为骨干,团结各界人民共同进行工作,并以妇女团体为其主要支柱。

7.尽量吸收烈、军属和革命残废军人参加工作。

(四)居民委员会的职权如下:

1.宣传贯彻人民政府各种政策法令,提高居民政治觉悟,协助政府进行各项工作。

2.进行居民中的治安、消防、公共卫生、文化娱乐、优抚、调解纠纷及财经、市政建设等工作。

3.经常征集和反映居民的意见和要求。

(五)居民委员会受区人民政府直接领导。

居民委员会应按月向区人民政府报告工作,居民委员会的重要决议或召开全体居民大会,须经区人民政府批准。

居民委员会下设各种工作委员会,受区业务部门与居民委员会的双重领导。

(六)市、区人民代表会议的区域代表,得列席本人住区的居民委员会和居民代表会议,协助居民委员会进行工作,但不必再兼居民委员会的职务。

(七)居民委员会主任或副主任,必须脱离生产者可脱离生产1至2人。另由政府指派办事员1人,在居民委员会主任、副主任领导下,办理居民委员会的日常工作。居民委员会主任及办事员的薪水及居民委员会的办公费由市人民政府统一发给。建设、文娱、卫生等经费按人民政府各业务部门的计划办理,禁止摊派。如尚有其他居民福利款项必须筹募,须照市、区人民政府规定,定期编造预算并说明筹募方法,由居民代表会议讨论通过,经区审查,呈请市人民政府批准后方得进行筹募。

二、居民代表会议

(一)居民代表会议的组织如下:

1.在居民委员会区划内以居民10户至30户左右组成居民小组,每一居民小组选举居民代表1人,组成居民代表会议。必要时区人民政府得酌情聘请居民中有代表性的人士为居民代表。

2.凡反对帝国主义、封建主义、官僚资本主义,赞成共同纲领,年满18岁之公民,除患精神病及被剥夺政治权利者除外,不分民族、阶级、性别、信仰均得当选为居民代表会议代表。

3.居民代表应推动居民小组进行工作,反映居民意见,并经常接受居民对其工作之检查。

4.居民代表会议代表每年改选1次,一般于春节前后举行。可连选连任。代表如不称职,经组内多数居民同意,得随时更换之。

(二)居民代表会议的职权如下:

1.讨论和执行市、区人民代表会议和市、区人民政府有关居民的决议和指示;

2.听取和审查居民委员会的工作报告,向区人民政府反映人民的意见和要求;

3.讨论有关本居民委员会范围内各种改革事宜,向区人民代表会议提出各种建议;

4.审查本居民委员会的预决算;

5.向居民传达并解释居民代表会议的决议事项;

6.居民委员会主任、副主任和委员,经区人民政府批准后,得选举或撤换之。

(三)居民代表会议每月开会1次,必要时得开临时会议。

三、附则

本方案(草案)经本府行政会议通过后试行。

1952 年

【选自《城市的接管与社会改造 唐山卷》,中央文献出版社,1998 年

原件存唐山市档案馆】

上海市江宁区崇安里居民委员会工作任务

1. 组织漫画大字报和黑板报
2. 聘请义务医生组织诊疗所
3. 开展抗美援朝运动
4. 宣传土改
5. ……
6. 集体交纳水电费
7. 宣传增产节约运动
8. 检查修订爱国公约
9. 宣传组织节约水电
10. 接受居民意见,拆通东西横弄
11. 宣传学习防空知识
12. 组织识字班并组织居民参加识字班学习(教员由里弄居民义务担任)
13. 解决困难的革命家属生活与政治上的物质上的慰问
14. 经常对本里弄纠纷进行调解,重大的反映到司法机关处理
15. 宣传卫生常识
16. 贯彻"三反""五反"运动,召开各种会议,进行宣传教育并向有关方面反映情况
17. 组织居民力量进行互助,用免息贷金方法解决部分困难户
18. 组织"三八""五一""八一"、国庆节及元旦庆祝会及漫画、大字报配合宣传
19. 组织居民集体参观市的爱国卫生展览,宣传爱国卫生运动及"五毒"害处
20. 动员居民清洁大扫除,举行模范评奖,动员居民整理废物,由居民委员会变卖,集体消毒,举行里弄清洁卫生展览会,并发动兄弟里弄参观
21. 动员里弄中居民自动交出赌具 17 副
22. 宣传防疫工作
23. 建立摇铃制度按时打扫室内外

24. 成立清洁小组及选举小组长

25. 贯彻区人民代表会议决议

26. 证明家庭情况至区政府核发各项有关证明

27. 组织居民参观妇婴卫生展览

28. 协助整顿民警残余作风

29. 贯彻政府禁烟禁毒工作

30. 宣传有奖储蓄,集体存有奖储蓄

31. 宣传无痛分娩法

32. 发动居民参加翻修东西两弄路面工作

33. 购置消防器具,加强里弄消防设备

34. 里弄集体换电灯电线,以防走电走火

35. 与理发店联系,由居委会出证明理发 8 折

36. 巩固并发展值班人员,发觉火警多次,捉获小偷多人

37. 帮助学校或其他有关方面统计失学儿童或其他有关材料调查统计工作

38. 宣传保火险,组织居民集体参加保火险

39. 成立调解组,协助区人民法院调解案件 14 件

40. 发动居民积极参加中苏办好月,成立中苏友协支会,发展会员 400 余人

41. 发现违法事件多起(如赌博贩毒等),及时报告公安机关

42. 在黑板报上揭发赌博行为,基本上消灭了赌博现象

43. 劳动就业工作队深入里弄后,积极反映情况协助工作,顺利地完成里弄失业人员报名登记工作

1952 年

政法委员会关于城市区政权建设和基层组织问题的报告

(一)做好城市、区人民代表会议代行人民代表大会职权的工作,是目前城市建政的中心环节

目前全国 160 个城市中,尚有 6 个市——伊宁、合川、江津、东台、咸阳、喀什——没有召开人民代表会议(也许开了,没有报告),只有一半数目多一点的市(88 个)代行了人民代表大会职权,将近半数仍未代行。在 10 万人口以上的 96 市中,有 92 市建立了 588 个区①,其中有 402 个区召开了人民代表会议,还有 180 个区没有召开,而代行人民代表大会职权的只有 56 个区,不足已召开代表会议的区数的 14%。这些已建区的市,全部召开了区人民代表会议的有 41 市,占已建区的市数的 44%,部分召开的有 23 市,尚未召开的有 38 市。另外,有 5 市尚未建区。由此可看出,市、区人民代表会议已形成经常制度的还是少数。甚至有些市、区一年还不召开一次人民代表会议。代行人民代表大会职权的工作,区一级也做得差。

我们除要求尚未召开人民代表会议或尚未代行人民代表大会职权的市应按章迅速召开和代行外,并对如何做好区的代行以加强区政权建设问题,提供一些意见:

关于 10 万人口以上城市召开区各界人民代表会议,中央人民政府政务院已有明确的指示,多数地区也已经执行了。但对于区必须成为一级政权,在好些地区尚未取得明确的认识。因此有的市今天还不准备设立区政府;有的市虽已建区,但仍不召开人民代表会议,或只开市代表座谈会;有的市虽开了人民代表会议,但又觉得解决不了问题,作用不大。好些城市的区级政权直至今天实质上仍停留在市的代表机关或派出机关的性质范围内,多是承上转下,没有明确的职权范围。因此召开区人民代表会议,只有传达布置上级交下的任务,无法也无权解决代表要求解决的问题。在这里主要考虑的问题是在城市比较集中的情况下,区成为一级政权,会不会影响市的集中领导。城市的集中

---

① 下文两个数字 402 和 180 相加与此不合,原文如此。——编者注

性是个特点,必须足够地认识到,但它的集中性之主要表现在工商企业的统一管理、市政建设的统一计划和各项政策法令的统一制定、掌握以及各项运动的统一计划领导等方面,至于每一项工作的具体执行以及有关人民福利、救济、卫生、治安、纠纷调解、文娱活动、组织教育等经常工作,则不是市人民政府所能完全办得了的。况且以我国目前城市人口的分布情况来看,差不多40％至60％的人口还是无组织的居民,还不能依靠各种职业团体把他们组织起来。仅仅依靠几百个市人民代表,更不可能把几十万甚至几百万的各方面的人民组织起来,充分反映他们的意见和解决他们的问题。所以为了更好地"联系广大人民,推行市政,解决居民福利问题,展开批评与自我批评,监督政府工作人员",区成为一级政权并召开人民代表会议,是非常必要的。不但不会减弱和分散市的集中领导,反而适合增进和加强市的集中领导。因此凡是市区人口在10万以上的城市必须遵照政务院的指示,加强区级政权建设,按期召开区各界人民代表会议,并迅速代行人民代表大会职权。不应再有拖延。至于10万人口以下城市如因政治经济发展或其他特殊需要,经大行政区或省人民政府批准,亦得建立区级政权,召开区各界人民代表会议。

区应成为一级政权的问题既已明确,那么,为了开好区各界人民代表会议和代行区人民代表大会职权,就必须解决以下几个问题:首先是应该明确肯定区人民政府受市人民政府的直接领导,市属各局、科各专业单位向区人民政府布置工作时,均须提交市人民政府做统一布置。市人民政府应定期召开区长会议,区长亦应参加市人民政府有关区政工作的行政会议。市属系统在区内所设的分支机关,一般均应明确为市、区双重领导或受区指导、监督、协助的关系。其次应根据各市具体情况,市、区明确分工:凡有关政策、方针、全面计划和有关全市性重大设施及其他必须由市集中领导进行的事业和工作,应由市人民政府统一办理。凡有关政策、方针、全面计划及各项运动和工作的具体执行,以及市场管理、职业介绍、社会教育、卫生防疫、调解纠纷等经常工作及其他可以交区办理事项,均应在市的统一领导下交区负责进行。并根据实际情况和工作需要,适当地充实区政府机构,加强组织,扩大区划范围等也是必要的。北京、天津和其他城市,在区政权建设和召开区各界人民代表会议代行人民代表大会职权的工作中,都创造了很好的经验,在这次会议上将会介绍给大家。

(二)整顿城市基层组织,巩固与扩大人民民主政权的基础

目前城市基层组织中,存在着领导多头、组织纷杂、会议频繁、积极分子兼

职多、财务制度混乱、组织不纯等现象;市、区各机关不经政府各自按其本身业务的需要在街道上建立各种组织,各市一般都在 20 种上下,有的甚至多到 30种以上;苏州市有属于公安、财政、税务等系统的组织,也有属于报社、人民银行、新华书店、合作社的组织,各搞一套,互不联系。有了那么多的组织,要进行工作就要开会,一个积极分子每天常要开两三个会;扬州市有 1 次,行政、公安、妇女 3 个单位同时要一个小组长去开会,他只得采取"第一会早退,第二会迟到早退,第三会迟到"的办法。重庆一个积极分子曾同时接到 7 个开会的通知。组织虽多,但积极分子有限,因此兼职现象非常普遍而且十分严重;有的兼到 10 余职,严重地影响了生产、工作、学习与生活,有因此生活困难至于断炊者,要求"半天为人民服务,半天为自己服务"。有的地方发生联名辞职,甚至逃避搬家现象。据华东在上海等城市调查,基层组织向群众筹收的经费项目有办公、宣教、修理、拥军优属、社会救济、抗美援朝捐款、路灯、门卫、清洁员、消防、卫生、阅报室、俱乐部、联欢庆祝、更费等 15 项之多,绝大部分都带有强迫摊派性质。群众每户每年负债 1 万余元至百万元(重点户)不等,引起群众极为不满,反映说:"政府要这样钱,要那样钱,要到什么时候是个头。"这些经费虽也为群众办了不少事情,但由于领导不统一、收费无限制、制度不健全,因而浪费、贪污、挪用现象普遍存在。因为以上这些情况的存在,就产生了城市基层组织混乱与不纯,一些坏分子和作风恶劣的分子混入下层组织,形成脱离群众现象。现在各地都已重视了这些问题,有些地区正在进行整顿,这是非常必要的。根据各地经验:

首先是一般大中城市,在市人民政府下设立区或街人民政府就够了,但50 万人口以上的大城市如有需要在区人民政府之下还可设派出机构——街公所或民政干事。至于 10 万人口以下的城市除需要设立区人民政府外,一般的可设街公所或者不设。总之应以尽量减少不必要的层次,使之便于联系人民为原则。

其次是在区或街人民政府之下,可以建立居民委员会,在人民政府的领导下,宣传各项政策法令,发动和组织居民参加各种政治活动,经常征集居民意见和要求,贯彻市、区人民代表会议的决议,并进行居民中生活、福利、安全、卫生等工作。因此居民委员会的组织范围,应按居民居住情况及社会联系设定,可大可小。组织对象应以经常在居住地区的人民(尤其家庭妇女)为主,机关、驻军、工厂、企业、学校、医院等单位,亦应有代表参加以取得联系,并应遵守一般居民应尽的义务。至于已参加其他组织的在业人民参加活动与否,听其自愿。居民委员会可由居民代表会议或居民直接选举主任、副主任及委员若干人,其工作由委员分工负责进行,并可按实际工作需要分设各种工作委员会吸收积极分子参加(特别是妇女),但尽量不要兼职。至于工商业与机构团体集中区域,可暂不建立居民委员会。

最后是城市居民委员会的经费问题。我们的意见:办公费、宣教费、会议费应统一由上级人民政府规定拨发。办公人员,可根据实际情况由人民政府给一些补助。至于有关市政建设,公共卫生事业费,应由市、区人民政府统一筹划办理。此外关于居民中必要的福利费及属于群众互助、爱国、拥军、优属等性质的费用,可根据实际需要,在自愿原则下,经市、区人民代表会议的通过,人民政府批准,上级人民政府备案后自行筹募,并建立严格的收支制度,及时公布账目并报上级政府审核。今后应严禁摊派或用其他方式筹募。

以上意见请到会同志,特别是各个城市的同志充分讨论,交换经验,把我们城市政权建设工作向前推进一步。

1952 年

杭州市人民政府关于居民委员会试行组织办法(草案)

　　为加强城市街道居民的组织和工作,解决居民的公共福利问题,参照中央人民政府内务部《城市居民委员会组织通则(草案)》及本市居民委员会组织和工作之具体情况,特拟定杭州市人民政府关于居民委员会试行组织办法。

　　(一)居民委员会是在基层政权指导下,根据地区情况、住户多寡,由居民自行成立的群众自治性组织。可以作为政府联系广大人民群众的桥梁,不能作为基层政权组织。

　　(二)居民委员会总的任务是:

　　1.办理有关居民公共福利事业。

　　2.向人民政府反映居民的意见和要求。

　　3.发动居民响应政府号召,协助推行政策法令。

　　(三)居民委员会的具体工作是:

　　1.协助政府做好优抚救济工作:(1)在群众中进行拥军优属教育,提高烈、军属的政治地位,帮助烈属、军属、革命残废军人、复员转业军人,解决生产、生活等方面可能解决的困难。(2)调查了解孤、老、残、疾及无业贫苦市民情况,以便解决其生产、疾病、生育等方面可能解决的困难。(3)在群众自觉自愿的基础上提倡社会互助。

　　2.调解居民群众中一般的民事纠纷,或轻微的刑事案件,以减少讼案。

　　3.动员与组织居民群众做好爱国卫生工作,协助政府推行各项卫生措施。

　　4.组织居民各种业余学习,领导居民业余文娱活动及黑板报等工作。

　　5.协助政府做好管制反革命分子工作及防特、防火、防盗、防肇事等工作。

　　6.动员教育居民积极纳税、护税。

　　7.协助政府做好统购统销工作及其他应予协助事项。

　　8.办理其他有关居民福利事项。

　　9.经常反映人民意见和要求。

　　(四)居民委员会的组织:

　　1.居民委员会一般以 100 户至 500 户居民组成之。下设居民小组,一般由 10 户至 50 户居民组成。

2.在居民居住地区的机关、学校和较大的工厂、企业等,可不参加居民委员会,但应派代表参加,所在地区居民委员会所召集的与其有关的会议,并遵守居民委员会有关居民公共利益的决议和公约。

集中居住的职工住宅和较大的职工集体宿舍,亦应组织居民委员会或由工会组织之职工家属委员会兼行居民委员会的职务。

3.少数民族聚居地区应单独成立居民委员会或居民小组。

4.居民委员会由各居民小组选举委员1人组成(如遇委员人数为双数时,可由被推选为主任委员之区居民小组补选委员1人),并由委员互推主任1人,副主任1～3人,其中至少应有妇女1人。居民委员会委员一般可按委员人数多少依下列性质分工:

(1)社会福利委员;

(2)治保委员;

(3)调解委员;

(4)文教委员;

(5)卫生委员;

(6)计划供应委员;

(7)妇女委员。

户口较多的居民委员会,得按工作需要,由各该分工委员为主,吸收居民积极分子参加组成各种工作委员会或小组,如为临时任务需要成立专门委员会时,应于工作结束时立即宣布撤销。

5.各居民小组一般即由其所选举之居民委员担任组长,并得由各该居民小组选举副组长1至2人协助组长进行工作。

6.居民委员会委员及小组长任期一年,如不称职或因迁移等其他原因不能参加居民工作时,得随时改选或补选之。

7.居民中被管制分子及其他被剥夺政治权利的分子应编入居民小组,但不得担任居民委员、小组长和各种委员会委员。

(五)居民委员会的工作制度:

1.居民委员会一般可一个月开会一次研究工作,必要时可临时召开之。

2.居民委员会扩大会议一般可一个月一次(由正副组长及各委员会委员或小组组员参加),报告一个月工作进行情况和研究布置工作,街道办事处应派人协助之。

3.居民委员会可定期向街道办事处口头汇报工作。

(六)居民委员会的工作方法及工作作风:

居民委员、小组长和各种委员会委员,要关心人民疾苦,忠诚为人民服务,遇事和群众商量,充分发扬民主,不得有强迫命令作风;居民应遵守所属居民委员会关于公共利益的决议和公约。

(七)居民委员会与各方面的关系:

1.与派出所关系:居民委员会所属治保委员会或治保小组业务上得受公安派出所领导,但公安派出所应尊重居民区工作的统一原则,以免发生混乱。

2.与区妇联分会或支会关系:居民委员会的工作必须取得妇联的支持,同时也必须协助妇联做好妇女工作。

3.与人民法院区分庭的关系:关于居民区范围内的民事纠纷或轻微刑事案件,居民委员会应主动进行调解,凡居民区不能调解的事件再转到街道办事处,如当事人要求转送人民法院处理时,应即转送,不得阻止;人民法院区分庭不得将已构成的诉讼案件移交居民委员会处理。人民法院区分庭在业务上可直接指导居民委员会的调解工作(居民区调解工作范围另订)。

4.与其他各方面的关系:居民委员对其他各方面不直接发生关系,各单位不得直接向居民区布置工作或召开会议,如需要居民区协助作带有全面性的工作,应通过区人民政府,由街道办事处布置,如零星工作,通过街道办事处即可。

(八)关于居民区学习问题:

1.结合当前中心工作进行时事政治学习,可以每月安排一次,使学习成为推动居民区各项工作的力量,平时可组织读报。各专门委员会的政策业务学习,由各主管业务部门与区人民政府协商进行。

2.文化学习,由民校负责。

3.对居民家庭妇女,如需组织专门学习,由妇联负责。

4.节日的宣传教育不定期。

(九)居民委员会的公杂费,由区人民政府统一拨发,其标准另订立。

(十)居民委员会办理有关居民共同福利所需的费用,如居民同意,经区人民政府批准,依照自愿原则向居民筹募之外,不得向居民进行任何募捐或筹款。

(十一)经费收支由专人负责,账目应按季公布;临时筹募之公共福利费用,于群众办理完毕后,应即公布。

(十二)为了克服"五多"、加强居民委员会工作,街道办事处应定期召开居民委员会主任会议。研究布置街道办事处在召开各种会议布置工作时,须事先联系各有关单位作好准备，并邀请公安派出所所长和区妇联分会主任参加。

（十三）本办法必要时得随时修改之。

1952 年 2 月

治安保卫委员会暂行组织条例

第一条　为发动群众,协助人民政府防奸、防谍、防盗、防火,肃清反革命活动,以保卫国家和公众治安,特规定全国各城市于镇压反革命运动开展后,农村于土地改革完成后,普遍建立治安保卫委员会。

第二条　治安保卫委员会是群众性的治安保卫组织,在基层政府和公安保卫机关领导下负责进行工作。

第三条　治安保卫委员会的建立,城市一般以机关、工厂、企业、学校、街道为单位,农村以行政村为单位,其委员名额,应视各单位人数多寡、情况繁简,由3人至11人组成之,设主任1人并得设副主任1人至2人。

各地于治安保卫委员会建立后,视情况需要,经市、县公安局批准,得建立治安保卫小组,由群众推选积极分子3人至5人组成之,内设组长1人,在治安保卫委员会领导下进行工作。

第四条　治安保卫委员会委员的选举:

(一)凡人民中历史清楚、作风正派、善于联系群众、热心治安保卫工作者,均可当选为委员。

(二)治安保卫委员会委员之选举,事前应作充分准备,由群众提出候选人名单,经过介绍、审查、评议、酝酿成熟后再行选举,每半年改选一次,连选得连任。但在任期内如大多数群众认为有必要改选时,得改选之。

第五条　治安保卫委员会的具体任务:

(一)密切联系群众,对群众经常进行防奸、防谍、防火、防盗与镇压反革命活动的宣传教育,以提高群众的政治警惕性。

(二)组织与领导群众协助政府、公安机关检举、监督和管制反革命分子,以严防反革命破坏活动。

(三)组织与领导群众协助政府、公安机关对反革命家属进行教育和思想改造工作,争取他们拥护政府的政策措施。

(四)发动群众共同制定防奸的爱国公约,并组织群众认真执行,以维护社会治安。

第六条　治安保卫委员会的职权：

（一）对现行的反革命分子与通缉在逃的罪犯，有捕送政府、公安机关之责；但无审讯、关押、处理之权。

（二）对非现行的反革命分子，有调查、监视、检举、报告之责；但无逮捕、扣押、搜查、取缔之权。

（三）对社会治安与管制工作，有教育群众维护革命秩序、监督被管制者劳动生产、不准其乱说乱动并向公安机关及时反映其表现情况之责；但无拘留、处罚、驱逐之权。

（四）对反革命破坏之场所，应协助公安人员维持秩序，保护现场，以便公安机关进行勘查，但不得变更与处理现场。

第七条　治安保卫委员会委员必须严格遵守下列各项纪律：

（一）遵守政府法令。

（二）保守工作秘密，不得泄露。

（三）站稳人民革命立场，不得包庇反革命分子，不得挟嫌诬告，不得贪污受贿。

（四）团结群众，帮助群众，不得强迫命令，借势欺人。

第八条　治安保卫委员会的领导关系：

（一）各机关、工厂、企业、学校之治安保卫委员会，受该单位行政机关及公安保卫部门领导。

（二）城市街道之治安保卫委员会，受公安派出所领导，有居民委员会者受派出所及居民委员会双重领导。郊区无派出所者受公安分局、区公安助理员领导。

（三）农村行政村之治安保卫委员会，受村政府、村公安员领导。

（四）沿海村庄之治安保卫委员会，由海防派出所、海防公安员领导。

第九条　各地基层政府、公安机关，应加强对治安保卫委员会工作的领导，并建立必要的制度：

（一）应使每一治安保卫委员会，定期向当地群众报告工作，征求群众的意见，接受群众的批评。

（二）对工作积极有显著成绩者，及时给予表扬、奖励，对脱离群众违犯纪律者，及时给以批评、惩处。奖励与惩处均须经当地群众讨论议定及领导机关批准后执行。

第十条　省、市公安厅、局可根据本条例精神，拟定具体执行办法，并报大行政区、中央公安部备案。

　　第十一条　本条例经中央人民政府政务院批准,由中央公安部发布施行。

1952 年 6 月 27 日政务院批准

1952 年 8 月 11 日公安部发布

华东军政委员会指示加强民主建政工作

华东军政委员会最近发布了关于加强人民民主政权建设工作的指示。

三年来,华东区的省、市、县都普遍召开了各界人民代表会议,建立了各界人民代表会议协商委员会,并有部分的各界人民代表会议代行了人民代表大会的职权。三年来的建政工作,推动了各个时期的中心任务的进行,解决了各个时期群众最迫切的要求,密切了政府与人民群众之间的联系。但工作中还存在着若干缺点:工作的发展很不平衡,人民代表会议还没有形成经常制度;已经具备条件能够代行人民代表大会职权的而没有代行;乡政建设还没有引起足够的重视,还存在着脱离中心任务孤立建乡的偏向;还有不少干部对人民代表会议抱着单纯的使用观点和任务观点。这些都阻碍了民主政权建设工作的进一步提高。针对这种情况,华东军政委员会发出了关于加强民主政权建设工作的指示。指示中规定:(一)省(区)、县、市人民代表会议应普遍代行人民代表大会职权,并成为经常的制度。省(区)、市除特殊情形外,应争取在今年年内全部代行人民代表大会职权,争取在明年春耕前做到华东全区各县人民代表会议代行人民代表大会职权。(二)在加强县政建设的前提之下,应逐步建设乡政,加强人民民主政权的基层组织工作。乡农民代表会议应通过扩大代表名额的方法,普遍过渡为乡人民代表会议,选举乡长、副乡长、委员,组成乡人民政府委员会。今后乡选以在每年县选之前举行为宜。乡人民政府应根据当地人民居住情况,划分选区,废除村一级组织,建立代表制,乡人民政府委员会应成立各种工作委员会,广泛吸收本乡积极分子参加工作,尽可能做到一人一职,使干部生产与工作两不耽误。应特别注意健全乡的财政制度,严格执行预算,公布账目,节省开支,严禁未经批准的任何筹募。县、区对乡的领导必须加强,每个区要根据上述要求做好一个模范乡的工作。(三)大中城市的建政工作以建区为重点。凡未建立区人民政府的,应于今年年内普遍建立,召开区人民代表会议,并争取全部或大部分代行区人民代表大会职权。市要加强对区的领导,明确市和区的分工,健全区的组织机构,加强区的统一领导。区以下的居民组织,根据"华东军政委员会关于10万人口以上城市建立居民委员会试行方案"的草案,经过典型试验,在原有的基础上加以改进。(四)在少数民族聚居的乡、镇或区、县,应根据规定,建立少数民族自治乡、自治镇、自治区或自治县。凡有相当数量少数民族散居的地区,当地人民政府应采取适当办法,使其有代表参加政权机关。各级人民政府应帮助各少数民族发展其政治、经济和文化教育的建设事业,培养民族干部,巩固民族团结。

【选自《人民日报》1952 年 7 月 18 日】

东北区城市街道居民委员会暂行方案

为了加强街道工作，统一街道组织，克服工作上的混乱，使政府的政策、法令迅速贯彻下去，居民的意见和要求及时反映上来，并进一步组织街道居民以发挥他们的积极性，特于城市建立街道居民委员会。

一、街道居民委员会是群众性的自治组织，是政府与群众密切联系的桥梁，区人民政府推行工作的有力助手。

二、街道居民委员会的任务：

（一）宣传、贯彻政府的政策、法令，接受与处理区人民政府的交办事项，协助人民代表推行市、区、人民代表会议决议；

（二）组织、发动街道居民积极参加生产及城市建设工作；

（三）发动居民团结互助，根据需要与可能，举办街道范围的福利、公益及文化卫生等事业；

（四）协助政府维持治安。

三、街道居民委员会的工作应以街道无组织居民为主，以劳动人民及其家属为骨干，团结各界人民共同进行。

四、街道居民委员会的委员及其产生：

（一）街道居民委员会应视街道居民户数多寡、情况繁简由9人至17人组成之，由委员中产生主任1名，副主任1人至2人。除主任副主任及1名文书（或由副主任兼文书）脱离生产外，其他委员均为义务职；

（二）委员应由街道居民中之历史清楚、作风正派、能密切联系群众，并热心于街道工作者，经居民选举产生，报请区人民政府批准，在选举时应注意吸收市、区人民代表与原派出所的民政干事、派出所长及一定数量妇女参加为委员；

（三）主任、副主任及委员任期一年，连选得连任，如有违法情节者，经多数居民同意，报区人民政府批准，得随时撤换另选之。

五、街道居民委员会，受区人民政府直接领导，区人民政府各科（股）及其他不属政权系统部门，不能向街道居民委员会布置工作，如有工作必须由街道居民委员会协助时，应通过区人民政府统一向下布置。

六、街道居民委员会的管辖范围,应与派出所的管辖范围相一致,以便在工作上相互协助配合。

七、街道居民委员会的各项制度:

(一)街道居民委员会每周开一次,会由主任或副主任主持,必要时得随时召开。街道居民委员会的重要决议或召开居民大会,需经区人民政府批准;

(二)街道居民委员会应按月向区人民政府做书面汇报,按季向当地居民报告工作,征求意见;

(三)街道居民委员会的委员在主任、副主任领导下可按业务性质适当分工,如专管文化教育、公益卫生、拥军优抚、治安保卫等工作,为领导与推动工作方便,亦可按居民组织划分若干责任地区,由各委员会分负领导责任;

(四)街道居民委员会的必要经费,由上级人民政府按期统一发给。如举办街道福利、公益、文化、卫生事业需要筹募款项时,须事先编造预算,说明筹募方法,经居民组长联席会议与区人民代表会议讨论通过,并经区人民政府审查,呈请市人民政府批准后,方得进行筹募。

八、为领导与推动工作方便,街道居民委员会下可按居民居住情况,划分若干居民组,每组一般以 35 户到 50 户为宜,设组长、副组长各 1 人。

九、街道居民委员会成立后,可将派出所内的民政干事撤销,并应即行整顿原有街道组织,根据实际情况需要,取消或建立各种委员会。

十、本方案提请政务院批准后由东北人民政府公布施行。

民政科抄件

1952 年 8 月 26 日

【牡丹江市民政局提供】

杭州市上城区柳翠井巷居民区调查报告

调查时间:1952 年 7 月 9 日至 7 月 12 日

调查人员:组长梁自修;组员俞德洪、陈耀荣、来耀庭

编写:上城检查小组

甲、柳翠井巷居民区概况

一、居民区基本情况

柳翠井巷居民区是坐落在上城区的中心地带,靠近中山中路,南面到河坊街,北面到扇子巷,地形窄长,是个半商业半住家性质的居民区。全区共有户口 164 户,其中工人户 44 户,工商户 39 户(包括工商的住家户),摊贩行商户 32 户,独立劳动户 12 户,机关职员户 8 户,自由职业 4 户,失业无业户 22 户,医院 1 户,寺庵 2 户。人口共有 785 人,其中工人户人口占 27%,工商业户人口占 23.7%,摊贩行商户人口占 19.5%,独立劳动户人口占 7.3%,失业无业户人口占 13.5%,其他户人口占 9%。居民文化程度全区受高等教育的占 1%,受中等教育的占 11%,受初等教育的占 48%,初识字和不识字的占 22%,不及学龄的约占 18%。居民经济情况,富裕的占 3%,一般可以维持的占 73.5%,比较贫苦的占 18%,困难户占 5.5%,困难户中大部分是失业工人小摊贩等。居民区内在镇反中逮捕的反革命分子有 4 人,其中 1 人已枪决,1 人判刑十年,2 人管制,现在尚有历史不清的 4 人,伪方人员 27 户(均有职业)。居民中能够经常参加居民区活动的积极分子占 28%,中间的占 61%,落后的占 11%。

二、居民区组织情况

居民委员会由正副主任委员,宣教、卫生、妇女、生产、消防共 7 个委员组成,下面有四个居民小组,设有正副小组长,平均居民小组有 41 户。在居民委员会组织下面有调查考绩组、研究计划组、治安组、管制组、消防卫生组、优抚小组、记功组、读报组、干部学习组、黑板报组等。居民区治安委员会和防疫大

队是直属派出所领导。全居民区共有委员、小组长、妇女代表(系家庭妇女分会的组织)18人,在7个委员中,中小商店老板3人,家庭妇女2人,独力劳动者1人,失业工人1人,主任委员胡永裕系羊肉店老板,也是羊肉业同业公会主委,市三届人代会居民代表,在镇反时评为模范,五反中评为守法户。副主任委员何曾铣系煤球店老板,在五反中评为守法户。在7个小组长4个妇女代表中有工人1人、商人4人、家庭妇女5人(其中工人家庭妇女2人,工商业家庭妇女3人)、独立劳动者1人。

柳翠井巷居民区自成立以来,共经过4次改选,在历次改选中委员的变化不大,仅系个别委员的调任。

乙、居民区的活动

一、居民区主要活动

柳翠井巷居民区活动大致以学习、防疫卫生、治安、拥军优属、调解纠纷、互助互济等工作为主,消防和文娱体育活动很少。比较经常的是学习,规定每星期一、三、五晚上七时半到九时读报,参加人数占全居民区的14%,其中妇女占80%,居民委员及小组长每天早晨6—8时学习(现在学习社会发展史),通过学习来组织推动整个居民区的工作。防疫卫生工作,自防疫卫生运动发起以后,全区进行了3次大扫除,组织了防疫队,队员有41人,其中妇女占40%。组织居民学习卫生常识8次,并有卫生检查小组负责居民的卫生检查、井水消毒等工作。治安工作由居民区内治安委员、治安小组和管制小组负责,管制小组是由管制的反革命分子四周邻居组织起来的,负责监视受管制的反革命分子的活动,向治安小组汇报。调解纠纷工作,居民委员会调解纠纷案件共13起,其中婚姻纠纷5起,房租纠纷5起,家庭纠纷3起。一般调解尚比较正确,例如万兴酱园婆媳不和,婆婆封建压迫媳妇,经居民会调解后婆婆作了检讨,双方和睦,以后未有再发生纠纷。又如柳翠井巷27号房租纠纷,也是经过居民委员会的调解得到解决。拥军优属工作,居民区内有4户军属,居民委员会发动了居民优待军属,在每户居民订立爱国公约时订有优抚军属一条,商店自动减价优待军属,如军属买酱油打八折,居民钟志祥志愿长期免费供给军属自来水,王振祥自愿给军属负责挑水,医师陈学良、宓智英等给军属看病不收诊费,同时成立了拥军优属小组负责帮助军属,逢年逢节慰问。一般居民亦能自动照顾军属,如军属贺顺至生病,居民戴月莫自动去服侍他,医师主动上门去给他看病等。互助互济工作，全居民区生活困难的有 6 户，在响应了上级互助互济的号召后，发动了互助互济 5 次，共计救济 56 万元，在 1950 年居民区发生火灾后，居民区发起募捐，共救济了 11 户。

在配合各项运动组织学习以及抗美援朝募捐，组织集体交纳房业税等工作均能及时完成任务。例如，组织集体缴税时，居民区内一户困难户，他向人家借了钱想买米的，在他认识了缴税的重要性后，就缴了税。韩奎贤、庞军华等在居民小组讨论时大家互相帮助，整个居民区并得到税务局的表扬锦旗，在镇反运动中居民区内评为模范的有 2 人，评为功臣的有 8 人。

二、存在问题

这些活动的开展，大都是通过读报学习时间进行动员讨论，干部积极分子的带领，推动整个居民区。在工作上存在的主要问题：①居民区组织过去没有明确的规定，名目很多极不统一，有些组织是有名无实形式主义不起作用（如工作计划组、调查考绩组、记功组等等），组织机构多，干部兼职多，最多的一个人兼职有四五个，加上他本身的职业那就更多。例如副主任委员何曾铣居民区工作要兼 4 个职位，加上本身职位就有 6 个，经常忙于开会影响自己的业务，同时工作集中在几个人身上形成包办，不能发挥群众的力量。干部的分工亦不明确，有工作大家抓一把，或者大家都不管。如妇女委员搞生产工作，而生产委员就没有工作。②工作偏重形式不能经常贯彻，往往在搞运动时大家很起劲，运动过后就松懈下来。例如卫生检查小组只检查了 2 次，以后就没有贯彻下去。优抚小组开始重视，以后也松懈了，读报小组读报只读不讲解，文化程度低的妇女就听不懂，妇女反映说，"读报左耳进右耳出，收效不大"。③制度不健全，工作做了以后很少总结汇报，在每件工作完成就算了，干部思想上抱任务观点，对工作上的提高不大，同时由于没有一定的制度，会议很多，干部忙于开会。

三、居民参加居民区活动的情况

居民区的活动除了一些摊贩和失业工人以外，妇女占 85%，因此妇女是居民区活动的主要力量，经过三反五反教育，妇女政治觉悟天天提高，要求学习政治文化和技术，要求工作，在居民区办了缝纫班和识字班。以后，妇女参加的占 70% 到 80%，其中劳苦群众妇女占 60%。今后居民区妇女准备成立托儿所，便利一些有家庭连累的妇女能够不受家庭小孩的影响，有时间参加政治活动。在妇女中工人家庭妇女和小知识分子家庭妇女在居民区内起了骨干作用,工商业家庭妇女一般比较落后。如在四个小组内第三组大部分是工商业家庭妇女(工商户占全组 90％),在学习和政治认识上比较落后,经常不愿意参加学习,是居民区内公认最落后的一个小组。

丙、居民委员会与居民的关系

一、居民委员会与一般居民的关系

柳翠井巷居民委员会与居民的关系,在居民的反映中一般关系尚好,大部分干部作风态度比较负责,如主动调解居民间纠纷,组织识字班、缝纫班,帮助解决居民学习政治文化和技术上的要求,缝纫班的收费比其他学校低 58％,贫困户还可以减免学费,有些居民小组长也能够主动找生活困难的居民,了解情况,干部与居民之间大部分是团结的。

二、居民委员会与居民关系中存在的问题

由于在居民委员会的干部成分中小商人占三分之一,居民区的□□认为领导权也是掌握在小资本家手中,因此工作重于形式不深入下去,特别对劳动人民生活不够关心,如卫生委员说:"过去我们只是贯彻政府号召,对居民的要求未有反映,一般贫苦居民反映居民区捐献的戏票都轮得到,但劳动局以工代购就轮不到。"有些居民干部了解生活困难户,没有钱就没有办法,因此有人来反映,也只好不闻不问。居民反映居民区开会多运动多,但能解决问题的个别委员只顾自己,在中茶公司来找摘茶叶工人时自己先去做,不先照顾贫苦群众,群众很不满意。在三反以前在干部中不敢大胆向派出所反映群众意见,居民反映居民干部不解决问题,工作有头无尾,所以居民主动向居民干部反映情况、提出意见的很少,同时由于居民区工作很少向居民报告,居民对居民区工作不了解,有的居民对有哪几个委员都不清楚,有的甚至连小组长也不了解。

三、工人与居民区的关系

工人与居民区的关系,在过去工人或店员参加居民区活动的很少,他们不参加的原因是:①工会活动很多没有时间。②居民区活动时间没有一定的,影响生产,而且资方要讲话。③居民区过去由资本家掌握,工人参加只是跑腿,不愿意搞,如居民小组长倪桂芳是个工人,就是这样反映,对居民区工作情绪不高。

丁、派出所与居民区的领导关系

一、派出所如何掌握和领导居民区

派出所对居民委员会的领导和掌握，主要是靠民警在居民区了解情况和领导居民委员会活动（1个民警管2个到4个居民区工作），工作布置由民警召开委员或委员小组长会议讨论再布置到居民中去。但这种方式进行次数很少，一般是由民警在居民读报组学习时直接布置。大的运动开展，一般是先派出所召集各居民区委员开会布置工作或提供工作。居民区与派出所之间过去没有建立正式的请示和汇报制度，派出所要材料就临时要居民委员会做汇报。派出所与居民区的联系，想了解情况除了民警以外，居民代表会也是一个重要联系方式。这种会议的召开，是由分局通知，没有定期。派出所对居民区的治安工作的掌握是通过居民区的治安委员会和治安小组。

二、派出所与居民的关系

由于民警中存在着严重的旧警察作风和官僚主义作风，对居民的影响是很坏，居民对派出所意见很多，例如居民要打通行证、领各种证明都是通过民警，但民警每天是在外边活动的，不容易找，因此有些领一个证明最少要两三天时间才能打出。有一个摊贩打一证明2天跑了8遍还没有领出。测量局居民区有一个贫苦居民他儿子生急病到派出所打证明介绍去保健医院，派出所说下班了不能打，第二天他儿子就死了。这样严重影响了人力、物力和时间，民警平时对群众态度不是采取耐心说服的方式，而是强迫命令，如柳翠井巷居民区一个酱园职工因不打预防针，民警就在他户口簿上写不准迁移，因此这个工人打通行证时就碰到麻烦，个别民警更有欺诈勒索乱搞男女关系的情况，民警在掌握居民委员会上，也是一手包办，压制民主的，居民委员随便由民警调动，不通过群众，因此群众反映选举不民主。居民提出的问题90%没有答复，群众有意见不敢提，如消防委员丁寿山说："在三反以前别说群众不敢提意见，就是干部提意见，也有很大顾虑，因此在居民中就不能发扬民主。"

由于派出所在领导上不够深入群众，部分民警作风的恶劣，对党与人民政府在群众中的威信是有很大影响的。通过派出所的三反运动，群众大会提意见，对居民教育很大，在居民中发扬了民主精神。

戊、居民委员会经费来源和开支情况

一、经费来源

柳翠井巷居民委员会经费来源大部分依靠募捐,一部分是上级拨给,每月15000元。三年来募捐情况大致可分为三类,一类是爱国募捐(包括抗美援朝募捐,救济皖北灾民、慰问伤员等)共计8336700元;一类是代募地方经费包括民办小学经费、俱乐部经费、江干火灾救济互助互济经费、优抚经费等,共计4032900元;一类是居民区的办公经费,包括防疫队费用489700元(内公家拨款315000元),三年来共计募捐是14773000元;募捐对象是以居民区内的两个大户为主,占募捐总数65%,其他由居民自愿捐助。在方式上虽名之为自愿乐捐,实际上是摊派性质,如募捐防疫队经费,居民区把购买6丈9尺白洋布发票开协记兴茶行(大户之一抬头),由协记兴付钱。三年来居民在负担上,平均每户9000元。

二、经费开支情况

居民区办公经费开支,根据居民区自1951年6月至1952年5月一年中必须要开支的项目(电费、纸张、墨笔、粉笔、墨水)等的开支共计是825450元,平均每月68750元,各种节日费用共计924100元(包括六节日二运动)。居民区过去的募捐和经费开支很混乱的,名目很多,账目不齐,募捐次数很多,一时很难弄清。如办公经费,在1950年10月公安局拨给每个居民区办公经费15000元,并通知以后不得随便募捐,但仅1951年6月起至今年5月比较齐全账来看,仅办公费一项就募捐有3次以上,防疫队经费募捐1次,居民干部中有随意挪用居民经费的情况,今后居民区经费必须有统一的财经制度及合理的负担方式。

己、对今后整理居民委员会的几点意见

一、居民委员会的性质与任务

居民委员会过去是在公安局派出所领导下带有统一战线形式的群众性组织,作为政府密切联系群众的一个桥梁,今后应该为政府的一个基层组织,它的任务是:①贯彻宣传政府的各项政策法令施行,协助政府做好各项工作。②负责向政府反映群众的意见。③密切政府与群众的关系,处理一些可能处理的问题(如调解纠纷、互助互济、拥军拥属、卫生等问题)。

二、居民委员会的组织形式

居民委员会的组织形式应当是包括各阶层人民的统一战线组织形式,居民委员会的领导权应当由劳动人民掌握,组成的骨干以妇女为主,委员组长由居民民主选举产生,组织构成采取委员制,设主任、副主任 2 人掌握全居民区工作,下设事务、消防卫生、治安、宣教、福利、文娱体育、妇女 7 个委员,另外聘请居民中积极分子担任干事,委员会如下:

居民委员会:
主任委员
副主任委员
(负责掌握全居民区工作,召开各种会议)

1. 事务委员:负责居民区的一切事务工作,包括文教、会计、对上汇报等,下设干事 1～2 人。

2. 消防卫生委员:负责居民区的清洁卫生,消防的督促检查,贯彻政府卫生工作,下设消防卫生检查小组,干事 1～3 人。

3. 宣教委员:负责居民区的生活教育工作,包括居民和干部的学习、黑板报、识字小组等,下设宣教干事 1～5 人。

4. 治安委员:负责居民区内治安工作,管制反革命,协助管理户口等工作,下设治安小组。

5. 文娱体育委员:负责居民区内文娱体育活动,俱乐部的管理,下设干事 1～3 人。

6. 妇女委员:负责居民区妇女工作,办理托儿所等工作,下设妇女代表若干人。

7. 福利委员:负责居民区的拥军优属、互助互济、生产自救、职业介绍、调解纠纷,下设干事 4～5 人。

居民小组(正副组长):负责自治委员会各项工作的贯彻

三、居民委员会的领导

区人民政府下设区办事处直接领导居民委员会若干个,区办事处设领导科长及主任 1 个,下由各居民区内提拔若干人掌握本居民区。区办事处每半个月或一个月召开居民委员会议 1 次,布置和提供工作,每三个月召开居民代表会议 1 次。

四、居民委员会的制度

居民区建立民主选举制度,委员组长的改选每半年选举 1 次,委员的调动补充,必须通过群众大会的讨论通过。

汇报制度:建立由下而上的传报制度,居民委员会应将所做各项工作向政府作书面汇报。

财经制度：经费的开支和募捐应向居民公开，并将开支情况向政府报告。

学习制度：建立干部与居民学习制度，每星期最多不超过三次。

会议制度：委员会议，每星期开一次，委员小组长会议每月开一次，每月召开居民大会一次，由居民委员会报告上月工作，布置下月工作。

五、居民区的经费开支和来源

居民区的每月经常费用的开支，包括笔墨、纸张、粉笔、电费、茶水、油墨等开支 54000 元，特别费用（庆祝节日等）平均每月 2 万元，共须开支 74000 元，经费来源：由政府补贴一部分必须要的办公开支，包括笔墨、纸张、油墨、杂项开支等约 30000 元，一部分由居民捐助的包括特别开支、电费、茶水等约 44000 元，按照负担能力，随意捐助，不得摊派强迫。账目必须公开，由群众审查，按月向群众报告经费的使用情况。

附：各种调查统计表

（一）柳翠井巷居民委员会干部情况表

职别	姓名	性别	年龄	文化程度	家庭成分	个人出身	职业	政治态度	备注
主任委员	胡永裕	男	33	中学肄业	商人	商人	羊肉店老板	表面一套，背后一套，比较精明	三届人代会代表，五反中评为守法户
副主任委员	何曾铣	男	47	私塾九年		钱庄职员	煤球店老板	态度尚忠厚，思想比较保守	
卫生委员	王显庭	男	36	中学		中医		理论上有一套，旧作风浓厚	
消防委员	丁寿山	男	39	初中一年		店员	失业	态度比较忠诚	
生产委员	钱珊瑚	女	28	小学二年		学生	家妇	工作中作用不大	
妇女委员	黄金珍	女	28	小学五年		学生	家妇	工作中作用不大	
治安委员	黄保然	男	32	私塾三年	工人	学徒	鞋摊	工作态度积极	镇反时评为模范

宣传委员系由胡永裕代理。

(二)柳翠井巷居民委员会户口分类统计表

项目	总数	工人	机关数	自由职业	工商业	摊贩行商	独立劳动	庵庙	医院	失业	无业
户数	164	44	8	4	39	32	12	2	1	5	17
户数占总数百分比	100	27	4.8	2.4	23.7	19.5	7.3	1.2	0.6	3.1	10.4
人数	723	214	36	20	178	132	48	10	9	22	54
人数占总数百分比	100	30	5	2.8	24.6	18.2	6.5	1.3	1.2	3	7.4
男	363	109	17	10	105	62	24	8	2	10	16
女	360	105	19	10	73	70	24	2	7	12	38

工商户中雇用之店员学徒 62 人不包括在表内。工商业 39 户中包括工商业者住家户 10 户。

(三)柳翠井巷居民联片人口统计表

项目	工人	店员工友	车轿夫	学生	卫生技术工作人员	机关职员	社会团体工作人员	经济工作职员	民间艺人	西医	中医	医务独立劳动人员	独立劳动	流动工商业	摊贩	男商贩	买旧货	宗教	失业	家务	有劳动力 男 14岁至16岁	17岁至19岁	51岁至60岁	小计	无劳动力 神经病	女 14岁以下	51岁至60岁	60岁以上	小计	总计
人数 计	50	62	13	2	114	4	1	6	12	7	1	2	4	2	13	39	2	32	11	1	7	17	80	15	62	1	78	1	168	14
人数 男	35		8	2	77	3	1	3	10	6	0	1	2	0	12	39	2	20	10	1	7	16	6	6	8	1	15	1	0	82
人数 女			5	0	37	1	0	3	2	1	1	1	2	2	1	0	0	12	1	0	0	1	82	9	54	0	63	1	86	14
占总数%	6.4	8.0①	1.6	0.3	10.5	0.5	0.1	0.8	1.5	0.9	0.1	0.3	0.6	0.3	1.6	5.0	0.3	11.0	1.1	0.1	0.9	2.1	4.3			10①				27.5①

（续上表右侧：无劳动力 60岁以上 33/8/25，小计 216/91/126，总计 785/423/362；占总数% 无劳动力小计 27.5①，总计 100）

①②③　原文统计如此，有误差。——编者注

（四）柳翠井巷居民区居民文化程度统计表

项目	总数	大学	专科	高中	初中	职业专科	高小	初小	初识字	不识字	未及学龄
合计	785	4	2	8	49	10	83	316	38	130	145
百分比（%）	100	0.5	0.3	1	6	1.3	11	40.3	5	16.3	18.3
男	423	4	1	5	31	2	60	199	23	28	70
女	362	0	1	3	18	8	23	117	15	102	75

（五）柳翠井巷居民委员会三年来募捐情况表

名 称		款 数
爱国募捐	捐献飞机大炮	5207700 元
	订增书报	329000 元
	捐献子弹	440000 元
	慰问袋	550000 元
	皖北救济	1031000 元
	慰问伤员	579000 元
	合计	8136700 元
地方经费募捐	民办河坊街小学二次	2467200 元
	夜校经费二次	348700 元
	第二联动区	300000 元
	俱乐部三次	921000 元
	江干救济	340000 元
	合计	4376900 元
居民区经费	防疫队募捐	489700 元
	公安局拨给	315000 元
	募捐	1914700 元
	合计	2719400 元
总计		15233000 元

(六)柳翠井巷居民区 1951 年 6 月至 1952 年 5 月收支情况表

收　入		支　出	
合计	2316519 元	合计	2326519 元
募捐	1807300 元	纸张	410950 元
政府补助	195000 元	节日费	148000 元
利息收入	23619 元	电灯费	333850 元
居民废纸收入	54150 元	看书画报费	114300 元
其他过节款拨入	236450 元	修理器皿费	114000 元
		优抚家属费	6000 元
		固定用费	400000 元
		宣传用费	71000 元
		茶水	1800 元
		防疫队费	421150 元
		其他用费	128500 元
		临时借用	75000 元
		招待	101969 元

杭州市上城区人民政府办公室
关于各居民委员会图章刊刻完毕的报告

上城〔1952〕字第 0273 号

事由:为我辖各居民委员会已刻好图章刻模上报备查由

　　兹接上级指示,"各居民委员会应刊刻图章",现我所集中刊刻已完成,故将我辖各居民委员会之名称及刻模壹份上报备查。

　　特报告

上城区人民政府

城隍山派出所所长　　□德山

1952 年 9 月 20 日

附:居委会名称及刻模壹份

1952 年 9 月 18 日

天津市建立街公所暂行办法

（1952 年 10 月 11 日天津市人民政府委员会第 15 次会议通过）

为了加强与统一领导街道工作,密切区人民政府和街道人民的联系,并解决街道居民各项福利要求,在区人民政府之下,得建立街公所。

一、街公所命名为天津市第×区×××街公所。

二、街公所是区人民政府派出的工作机构,在区人民政府领导下执行下列任务：

（一）组织领导居民政治文化教育、公共卫生、调解、救济、优抚以及其他社会福利等工作；

（二）领导本街各居民委员会及居民代表会议的工作,并统一街道居民各项工作的步调；

（三）推动执行区人民代表会议和区人民政府有关街道工作的决议、指示及交办事项；

（四）向区人民政府反映街道人民的意见和要求,并提出改革意见。

三、街的区域范围得根据街道自然形势及居民的社会联系划定之。街公所与派出所的管辖范围应当一致。

街公所只在一般市民住宅区及住宅与工商业等混合区建立之,机构集中地区,较大的工商业集中地区暂不设立街公所。在派出所内设民政干事领导居民工作。

四、街公所的机构,根据工作需要和精简节约的原则,设街长 1 人,干事 4 至 6 人（均系脱离生产干部）,另设公务员 1 人（炊事员兼通信）。各所具体人数由区人民政府提出方案,呈经市人民政府批准执行。

五、街公所在街道居民工作上,得领导公安派出所工作（派出所的本身业务工作仍直受公安分局领导）,所长于一定时间内,向街长报告一般治安工作。

六、街公所的街务会议每周举行一次,必要时得临时召开,均由街长召集之,派出所长及各干事等人员出席,其他必要人员列席。

七、街公所得召开居民委员会正副主任会议,听取汇报,传达区人民政府的决议和指示,研究并布置工作。

八、街公所得召开本街有关人民团体(如街道妇女代表、妇幼保健网、合作社、军属代表等)的联席会议,统一策划本街居民工作,密切配合统一步调。

九、街公所日常办公费用另订之。

十、本办法经市人民政府批准并公布后施行。

【选自《中华人民共和国行政法资料选编》,群众出版社,1984年】

上海市区区人民政府办事处试行方案(草案)

一、为了进一步密切政府与广大人民群众的联系,加强对居民委员会的组织领导,本市市区以原有派出人员办事处为基础,按公安派出所划区设置区人民政府的办事处。其名称为"上海市某某区人民政府第×办事处"(以下简称办事处)。

二、办事处为区人民政府的派出机构,不是区以下的一级政权,不是政府各部门的承办机构,其任务为代表区人民政府具体进行地区居民的组织工作和进行居民的福利工作;在区人民政府的领导下,推动居民委员会贯彻群众性的中心任务,根据区人民政府的统一布置与指示,指导居民委员会做好居民工作;及时向区人民政府反映居民的意见与居民工作的情况。

三、办事处设主任1人(必要时得设副主任)主持办事处工作。下设干事若干人,其人数按照人口多寡配备。人口在2万人以下者设4人(连同主任共5人);人口在2万人以上者,以5000人口增设1人为原则。干事在内部按工作任务分工,对外按地段分工与居民委员会联系。

办事处设公务员1人,料理业务,兼作交通。

四、办事处主任在区长直接领导下进行工作,各部门有关地区居民工作须由区政府统一研究布置,如未通过区人民政府同意与布置,办事处可以不予受理。

区人民政府行政会议,如遇讨论有关居民普遍性的问题,应邀请办事处主任出席,以便于了解区领导意见,并及时反映居民工作情况。

五、为使区一级各部门统一居民工作,可由区人民政府联系有关部门,如公安分局、妇联、青联等单位,组成地区居民工作委员会,定期举行会议,统一布置所在地区居民的工作,研究所属单位工作中的分工与结合问题,并及时调整关系,解决问题。

为使办事处地区各单位工作能统一策划与密切结合,以区办事处、公安派出所、家庭妇联为主并吸收居民组织中具有代表性人士参加组成办事处地区居民工作委员会,委员7人至13人,其中主任委员及副主任委员由区人民政府指定。

六、办事处得按期召开里弄居民委员会主任联席会议,以及居民委员会中文教、卫生等组织成员会议汇报并研究布置工作。

七、办事处的印章一律改为长条戳,由市人民政府统一制发。办事处的办公经费予以必要的充实。如无电话设备的应予装置。地区较广交通不便得购置自行车。所需经费由区人民政府编具①预算经核准后支给。

1952 年 10 月 15 日

---

① 编具:编制。——编者注

上海市江宁区新闸路
1620 到 1758 号胶州路 274 弄到 314 号(双号)
街道里弄居民代表会议组织暂行条例

第一条　本会议定名为上海市江宁区新闸路 1620 到 1758 号胶州路 274 弄到 314 号(双号)街道里弄居民代表会议(以下简称本会议)。

第二条　本会议系本街道里弄全体居民最高群众性的组织形式,以贯彻政府政策法令,并在团结互助的基础上发扬民主精神,提高政治认识及增进居民生活福利等事项为宗旨。

第三条　本会议代表以民主方式根据居民人数由各里弄就居民中分别产生之。代表任期半年,连选得连任之。

第四条　本会议之职责:

(一)宣传和贯彻政府政策法令,并向政府反映群众意见提出建议。

(二)选举街道里弄居民委员会。

(三)审核街道里弄居民委员会提请通过之预算,并听取其他工作报告。

(四)制定各项有关居民生活福利等共同要求的章程以及工作决议等。

第五条　各街道里弄居民划分若干居民基层小组,由代表分头联系之。

第六条　本会议以每月召开 1 次为原则,必要时经半数以上代表之要求得提前或延期召开之。

第七条　在本会议闭幕期内,设立街道里弄居民委员会,为本会议执行机构(居民委员会向代表会议负责)。设委员 11 人,就本会议代表中产生之,任期半年。

第八条　街道里弄居民委员会之职责:

(一)执行代表会议的一切决议。

(二)负责召开居民大会及代表会议,并向其做工作报告。

(三)协助政府推进政策法令。

(四)推进有关里弄居民安全、福利、文娱、卫生等实际工作。

(五)编造预算筹集经费。

第九条　街道里弄居民委员会设主任委员副主任委员若干人,由委员中推选之,并设文娱、安全、福利、卫生、总务五组,各组设组长 1 人,就委员中推

选之,副组长及组员若干人,由委员、代表或居民中聘任之。各组职责划分如下:

(一)文娱组:负责宣传人民政府政策法令,负责里弄居民政治学习,开展文化教育以及群众性的文娱活动。

(二)安全组:负责推进防空、防特、防盗、防火等保障里弄居民安全事宜。

(三)福利组:负责举办①及改善居民生活福利与调解居民一切纠纷案件等工作。

(四)卫生组:负责推行防疫、医疗、救护及有关里弄居民之清洁卫生等事宜。

(五)总务组:负责募集经费,管理财务、会计、文牍、书物等工作,凡不属其他组之事均属之。

第十条　街道里弄居民委员会之名单经由区人民政府批准后正式确定。

第十一条　街道里弄居民委员会每半月举行会议1次,由主任委员召集之。必要时经半数以上委员同意得召开临时会议。

第十二条　街道里弄居民委员会根据实际需要及节约原则,按期编造预算经代表会议通过申请区人民政府批准后在居民自觉自愿的基础上,合理募集之。一切收支账目,应按期向里弄居民公布。

第十三条　本会议代表如犯有严重错误,经教育而不愿改正者,由原产生里弄三分之一以上的居民联络提请,及三分之二以上居民通过,得改选之。居民委员会委员在任期内不能称职或犯有严重错误经教育而不愿意改正者,经代表会议三分之一代表提请及三分之二以上代表通过,经区人民政府核准得撤换之。

第十四条　本条例经本会议通过,并报请区人民政府批准实施,修改时亦同。

（注:原资料无时间,估计应为1952年年底至1953年年初）

---

① 　举办:举行(活动);办理(事业)。——编者注

上海市卢湾区瑞金二路花园坊
街道里弄居民代表会议组织条例

一、名称:本会议定名为上海市卢湾区瑞金二路花园坊街道里弄居民代表会议(以下简称本会议)。

二、性质:本会议系瑞金二路 109 号至 165 号(单号)及花园坊全体街道里弄居民关于居住生活安全、福利的群众性的组织。

三、任务:本会议的主要任务如下。

(一)协助政府传达并贯彻政策法令。

(二)响应推动并贯彻上级的一切号召。

(三)讨论并议决有居民共同的安全福利事项。

(四)向政府做工作报告反映居民群众的要求和意见。

(五)选举街道里弄居民委员会委员及罢免居民代表会议代表。

四、代表条件:凡反对帝国主义、封建主义、官僚资本主义,拥护中国人民政治协商会议共同纲领,在本街道里弄居住的人民,除患神经病及剥夺公权者外,不分民族、阶级、性别、信仰,均得当选本会议代表。

五、代表之产生:按照具体情况,从本街道里弄各地区、各界内民主选举产生之。任期半年,连选得连任,在任期内,如犯严重错误,确有实据者,得经代表会议通过,呈请区人民政府批准后罢免之。

六、代表名额:按照本街道里弄各地段,各界人民数之多少,由前一届居民委员会协商决定。

七、会议之召开:代表会议每月召开一次,由居民委员会召开,如有过半数代表联合请求得提前、移后或临时召开。

八、居民委员会:代表会议设街道里弄居民委员会,贯彻代表会议之决议,处理安全福利各项工作及日常事务工作,定期向代表会议报告工作及收支情况重大问题,必须通过代表会议讨论(决定)。第一届委员会设委员 21 人(街道 6 人、里弄 15 人),由代表会议在代表中选举产生之。委员互推主任 1 人、副主任 4 人(街道 1 人),委员及主任之任期,均为半年,委员会每半月由正副主任召开会议 1 次,必要时得提前或移后或临时召开之。

九、委员会之分工:委员会下设"安全""文娱""福利""清洁""总务"五组,每组设正副组长各1人,组员若干人,组长由委员会决定聘请之,委员为兼任,组员由委员会根据工作需要在居民中选聘之。五组分工如下:

(一)安全组:协助政府坚决镇压反革命活动,配合本街道里弄肃清反革命,发动群众检举、密告、控诉、监视及管制反革命分子,并协助政府管制其财产。组织消防队、自卫队,检查危险物品,进行防特、防奸、防空、防火、防匪等一切有关居民安全的工作。

(二)文娱组:结合当前任务与政治法令,进行抗美援朝及严厉镇压反革命的宣传教育,宣传防空常识,出版墙报、黑板报,组织学习班、读报组、识字班、歌咏队、宣传队、儿童队及进行其他一切文化娱乐活动队。

(三)福利组:办理街道里弄居民的共同福利工作,如水电的管理、房租的协议、房屋的修理,以及生活上的互助福利等工作。

(四)清洁组:动员和督促居民打扫街道里弄,保持经常清洁,协助政府工作,疏通沟渠,进行防疫注射以及有关居民的清洁卫生工作。

(五)总务组:经费的筹支保管,日常事务对外联系,以及不属其他四组的一切工作。

十、经费:本会议所需之经费得编选预算,报请区人民政府工作报告审核,在自觉自愿的原则下,向居民募集之,经费支出必须节省。收支概况须定期报告人民政府,工作报告向全体居民公布。

十一、附则:本条例经代表会议通过后,呈请区人民政府批准施行。

(注:原资料未注明时间,估计应在1952年《上海市居民委员会组织暂行办法(草案)》之后,中央有关《城市居民委员会组织通则(草案)》之前,即1952年年底到1953年年初)

1953

武汉市街人民政府组织试行方案

一、街人民政府为区人民政府以下基层组织,受区人民政府领导。

二、街人民政府委员会由街人民代表大会或代行街人民代表大会职权的街人民代表会议选举产生之。其组织为街长 1 人,副街长 1 人及委员 5 至 7 人,并经区人民政府批准任命。

三、街长、副街长及委员的任期为一年,连选得连任。

四、街人民政府在区人民政府领导下,行使下列职权:

(1)宣传人民政府各种政策法令,提高居民政治觉悟。

(2)执行上级人民政府的决议和命令。

(3)实施街人民代表大会或街人民代表会议通过并经上级人民政府批准的决议案。

(4)进行街道居民中的治安、消防、公共卫生、文化教育、调解纠纷及优抚救济等工作。

(5)征集并向上级人民政府反映本街道人民的意见和要求,并提出兴革意见。

五、街人民政府工作机构原则上规定如下:

(1)街人民政府根据工作需要和精简原则,除由正副街长负责领导街人民政府工作外,得设干事若干人负责进行民政、文教、卫生、妇女等工作。

(2)街人民政府为做好各项工作,得按工作需要,吸收对公共事业热心、并为群众称赞的积极分子及各界进步人士组织经常的或临时的委员会(如优抚、卫生、治安、文教、民事调解等),其主任委员由街人民政府委员或干事兼任,统受街人民政府领导。治安保卫委员会按中央规定办理。上述各种工作委员会受街人民政府及区业务部门的双重领导。

(3)凡参加生产的有组织的劳动人民如工厂工人、机关职员、学校教员等参加街道的日常活动与否得听其自愿,但必须遵守街政府及居民小组有关居民共同利益之规定。

机关、驻军、工厂、学校、医院不参加居民组织,但应遵守街政府有关居民共同利益之规定。

六、街人民政府委员会议每半月或一月举行 1 次,由街长召集之,街长根据需要或经三分之一以上委员之提议,得提前或延期召开。委员会会议须有委员过半数的出席,始得开会;须有出席委员过半数的同意,始得通过决议。

七、街人民政府行政会议由街长召集之,副街长、干事、公安派出所长均出席,其他必要人员亦可列席。

八、街人民政府脱离生产的工作人员人数,由市人民政府另行规定编制;其薪给及街人民政府办公费由市人民政府统一拨给。关于民政、消防、文教、卫生等经费按人民政府各业务部门的计划办理,禁止摊派。如尚有其他居民福利款项必须筹募,须照市人民政府规定,定期编制预算并说明筹募办法,由街人民代表会议讨论通过,经区审查,呈请市人民政府批准后,方得筹募。

九、街人民政府的辖区范围,以一万至两万人口为准,并与公安派出所辖区取得一致。

十、在中央人民政府未颁布街道基层组织法规前,本办法经市人民政府讨论通过呈报中南军政委员会批准后,作为试行方案。

1953 年 1 月

【选自《中华人民共和国行政法资料选编》,群众出版社,1984 年】

杭州市上城区居民区建立护税分会意见(草案)^①

一、目的和要求

自去年全市展开反偷税自查互查补税运动后,由于党委的重视和领导,本辖区均纷纷建立了居民护税小组,同时亦产生了护税委员。建组以来在税收的保护与推动上起了一定作用,但由于没有统一的经常的领导组织工作,因此起的作用是不够的,尤其是在布置上没有抓住中心环节有始有终地进行工作。这样往往与派出所的工作发生矛盾,我们为了克服或防止以上这些问题,拟定了居民区建立护税分会意见,报请党委批准及联系有关机关同意将原有居民护税小组加以整理,按派出所辖区成立护税分会,在原有护税委员的基础上产生分会,并在河坊组先建会试点工作,吸收经验推广,要求在本月15日试点工作结束,5月底全部完成。

二、具体做法

(一)护税小组整顿工作在原有护税小组基础上加以审查,如有不当之工商业户及居民区税收一贯不负责者,调整重新产生。

(二)建立护税分会,以派出所为单位,委员75人(已报正副主任3名),以一个居民区产生一个分会委员为原则。由派出所行政办事员同志为正副主任负责行政指导工作,由辖区税务稽管组产生副主任1人(经办人员)负责业务指导。另由居民区产生副主任1人负责掌握各居民区的各项税务工作。分会委员在原有基础上调整,并须经过护税小组讨论,护税大会通过决定。

三、委员小组长条件及进行日程

(一)分会委员条件:1.群众中有威信并能大公无私者。2.工作积极负责并有领导能力者。3.重视国家税收。4.政治历史清楚。

---

① 原文标题为《居民区建立护税分会意见(草案)》。

(二)小组长:工商业户资本主义者不能吸收,对税收不负责任者不吸收。

(三)5月9～14日联系派出所内部确定名单并召开原建立护税委员会会议,座谈过去护税情况,开始内部成立。

(四)15日、16日分会委员审查原有护税组长条件。

(五)17日召开组长会议,税局及派出所说明成立护税分会重要性与意义,即布置小组讨论,决定组员。

(六)18日召开组长组员大会正式宣布护税分会成立。

1953年

【由杭州市上城区档案馆提供】

上海市居民委员会调查综合报告

一、关于为谁工作，靠谁工作问题

根据 7 个居民委员会（1 个为工人家属委员会，下同）的统计，总人口为 18400 人，其中：

1. 在生产、经营、工作、学习等单位参加集体政治生活的（包括工人、机关工作者、店员、职教员、工商业主、学生）7246 人，占总人口 39.2％。

2. 主要在里弄参加活动的（包括职工家属、家庭妇女、摊商、行商、自由职业者、独立劳动者、无业及失业者）6061 人，占总人口 32.9％。

3. 不能参加社会活动的（包括幼童、残废、老人等）5093 人，占总人口 27.9％。

上述第一种人，是城市工作的主要对象。他们的活动、他们的利害关系主要在其所在的单位里面实现。国家的政策法令也主要在他们所参加的单位内和他们见面。他们即使住在里弄内，也是早出晚归，不能或较难参加活动。但他们既居住在里弄，里弄中的某些工作，如卫生、消防等，对他们也不无关系。第二种人中，有的如摊商、独立劳动者、家庭妇女等，虽也有一定的组织，但他们的日常活动比较分散，不是在集体的单位去实现。有关的政策法令和政府号召，有许多需要通过地区性的组织去和他们见面。因此，和第一种人不同，他们是有可能而且应该参加里弄活动的。第一种人的福利问题多数在其所参加的单位获得了解决，而第二种人和第三种人的福利问题则需要在居民委员会中去求得解决。

由此可见居民委员会不仅是居民群众的福利组织，也是一部分居民群众的政治生活组织。若干福利工作是与全体居民有关系的。但组织居民委员会的目的，主要是解决第二种人，即占全人口约三分之一的人的问题。工厂、商店、机关、学校等单位不需要参加居民委员会，其成员亦不必参加住地的居民委员会的活动。

在生产、经营、工作、学习等单位参加集体政治生活的，商业区的久安里有1297 人，占总人口 2363 人的 54.8％，而棚户区的金家巷只有 1613 人，占总人口 4799 人的 33.6%。主要在里弄参加活动的有 793 人,占总人口的 33.5%,而金家巷则有 1813 人,占总人口的 37.7%。不能参加社会活动的,久安里有 342 人,占总人口 11.7%,而金家巷则有 1329 人,占总人口的 27.7%。

上述统计说明,第一种人在商业中心区比在贫苦的棚户区数量多,而第二、三种人则在贫苦棚户区比在商业中心区的数量多,而且贫苦棚户区,不论所住的是哪种人,其居住福利的要求一般要比居住在商业中心区的居民多。

由此可见,越是贫苦地区,越需要组织居民委员会,也越能显示居民委员会的作用。因而,领导居民委员会的重点,应更多地放在这样的地区。

根据 7 个居民委员会的统计,居民委员会的委员和各种专业委员会的委员共 413 名,男的 265 名,占总数 64.1%,女的 148 名,占总数 59.4%。

另据久安里、金家巷、荣晏里三个居民委员会的统计,37 名居民委员会的委员中,男的 28 名,女的 9 名。

上述统计说明,目前在里弄工作上,虽已有相当数量的妇女参加,但男性仍占多数,尤其是负主要责任的,妇女所占比例更小。其次,做里弄工作的,虽然不在业的多于在业的,但在业的人所占比例仍然很大。另据久安里居民委员会材料,13 个月内,有 8 个人因本身工作忙不能继续担任工作而离职。根据居民委员会的主要服务对象,关于居民委员会的工作应主要依靠什么人的问题,可以肯定如下各点:

1. 做居民委员会的工作,应依靠家庭妇女、尚未就业的劳动人民,其中要更多吸收职工家属参加。与里弄关系较密切的小商贩,独立劳动者中的积极分子,在不影响其本身职业的条件下可以参加工作。工商业者家属亦可适当吸收,但不能作为领导骨干。里弄福利工作多与家务有关,因此,目前里弄工作主要依靠妇女虽尚有困难,但应注意培养妇女积极分子,作为里弄组织工作的方向。

2. 在业职工,尤其是工厂的生产模范、先进生产者,不应参加居民委员会的工作,更不应以这些人为骨干。如华德里居民委员会主任是木材工厂的生产模范小组长,身兼四职;福寿里的居民委员会副主任是邮局工人,反映“心有余而力不足”;和丰里工人家属委员会主任是场车工人,身兼五职。类似情况,应力求改变,尤其一人一职的原则应力求贯彻。

3. 参加居民委员会工作,一般应具备以下两个条件:一是密切联系群众,热心公益事业;二是历史清楚,政治上无问题。不要利用里弄中旧有的统治人物作为骨干。如华德里 43 个委员中,有 7 个有政治问题的;居民委员会副主任是旧帮会的要人,类似情况应加警惕。

和丰里是国棉六厂的工人家属聚居地,房子是工厂的,居住福利及其他费用均是由工厂解决。这样地区的居民工作,基本上是工人家属的工作。在这种地区不组织居民委员会而组织工人家属委员会,配合工会活动,对生产有利。工会应加强对工人家属委员会的领导。

但家属又兼有地区的一般居民身份,若干问题如有些社会运动、选举、户籍管理、清理积案、劳动就业等,与区政府有联系,非工会所能单独领导。因此,工人家属委员会应以受工会领导为主,关于地区行政事宜,也要受区政府领导。

二、关于居民委员会的工作

过去居民委员会做了许多工作,大体可分为三类:

1. 贯彻各种运动,如抗美援朝、镇压反革命、"三反""五反"、爱国卫生、禁烟禁毒等。这类工作占整个居民委员会工作时间的绝大部分(久安里,约占80%)。通过居民委员会这样的组织,里弄居民在各项运动的锻炼中,受到了一次比一次深刻的教育,使各种运动,在约占人口三分之一的人民中获得了应有的效果,消灭了运动的死角。金家巷是棚户区,住户绝大多数是贫苦的劳动人民。抗美援朝期间,4799人捐献4800万元,每人平均1万元以上。爱国卫生运动开始后,久安里居民委员会经过发动群众,清除垃圾14吨,扑灭苍蝇14万只,捕捉老鼠460只,注射防疫针人数达总人口的99%以上。

2. 反应里弄居民的要求,兴办各项福利事业,诸如管理水电,设立小便池、垃圾箱,修建路面,疏通阴沟,组织学习及文化娱乐、治安消防、互助互济等活动。如金家巷自居民委员会成立后,用居民自己有组织的力量,解决了几十年来未能解决的电灯、自来水和路面泥泞不堪的问题,办理了700多人的夜校,满足了劳动人民对学习文化的需求。群众很满意,说:"金家巷走向光明了。"

3. 协助各方面进行工作,如协助土产公司推销土产,协助税务局征收地价税、房捐,为保险公司、人民银行动员保险储备,为新华书店推销宣传册子,为邮局投递门牌不详的信件,协助法院清理积案、调解纠纷、调查案情等。

从7个居民委员会过去所做的工作来分析,可以肯定如下各点:

1. 居民委员会是城市中三分之一的人过政治生活的组织,也是居民群众的生活福利组织。政府的各种号召及各种革命性的改革性的运动,需要通过这样的组织去响应贯彻。居民的许多生活福利要求。需要用这种形式把居民组织起来,用他们自己的力量去解决。这类组织,从其所进行的工作来看,既不是政府,也不同于一般人民团体。这样的组织在过去及将来都是完全必要的。随着国家经济文化建设的发展,政治性的运动时间减少。因而它的作用,今后将主要表现在组织居民的生活福利活动上。

2.现在居民委员会所做的工作,大多数是需要做的。但有些事情是不应该办的,如给企业公司贴广告,给法院送传票及到外区调查案情等;又如站岗守夜一般地也可以废除。某些单位(如土产公司、人民银行、税局等)为了开展业务,必要时,可以取得居民委员会的协助,但首先应遵守公私两利及公家需要与居民自愿相结合的原则,不能作为硬性的任务。例如金家巷居民愿买碎米、断粉、烂菜,则可进行登记集体洽购;洋房区不愿买,则不应去"动员"。金家巷及其他居民委员会的居民欢迎集体买票看电影则可办。华德里居民不欢迎则不应"动员"。为居民代缴地价税、房捐及水电费,节省居民很多时间,是一种福利,对税局及水电企业又便利,一般地可办。其次各单位需要向居民开展业务时应通过区政府,由他们酌情决定。不愿办的要"卡住",愿办的也要分地区适当处理并严防强迫命令。

3.居民委员会要兴办的事应根据多数居民的需要实事求是,不应由少数积极分子决定。遇事铺张,像华德里花1500多万元修俱乐部之类的事,多数居民反对,应防止。

三、关于居民委员会的组织

金家巷人口共4799人,原来是一个居民委员会,为了领导上的方便,将福利要求一致、统一使用水电并有悠久历史关系的这一整个棚户区,割出两小部分,和相接的洋房区平房区分别组成两个居民委员会,群众极为不满。南洋桥浜,474户,1000多人。余姚路950弄,95户,400余人,是同一工厂工人的住宅区,又都是广东人。两处原是两个居民委员会,也为了领导方便,拟合二为一,因为两地居民要求不同,群众也不愿合并。

由此可见为了领导方便,把过小的居民委员会,适当合并是必要的。但居民委员会的区划,应以居民的自然居住情况大体一致及生活福利要求大体相同为主要标准,并适当照顾人口数字。因此,区划大小,应有较大的伸缩性,不可强求一致。一般以居民500到5000人划为一个居民委员会为宜。居民委员会工作人员能力有限,而兴办福利事业,又多以里弄为单位,为了居民委员会本身的工作方便,故辖区人口一般不宜过多。

金家巷在居民委员会下设有居民小组,组有组长,另有小组产生代表,组成代表会议。过去开代表会议的方法,完全搬来了上级开人民代表会议的一套,这是不必要的。应该以每 10 户到 20 户左右,组成一居民小组,有小组产生代表 1 至 2 人,不单设小组长。居民小组的代表出席会议,可以产生居民委员会的主任和委员,并使它成为反映居民意见、贯彻各项工作的方式。

居民委员会的辖区可大可小,因而居民委员会的委员人数,也应可多可少。为了吸收多数人工作,委员会下设各种专业委员会是必要的。设几个应按具体需要确定,据调查,一般的设治安、文教、调解、卫生、福利等五个是适当的。

为了使里弄的妇女工作和居民委员会工作步调一致,妇联主任可兼居民委员会副主任或主任。

四、关于居民委员会的经费问题

目前居民委员会的经费开支,名目繁多,浪费很大。据 4 个居民委员会的统计,多者每月开支 133 万元,少者 66 万元。其中办公费每月多者 22.9 万元,少者 15 万元。福利事业费多者每月 113 万元,少者 22 万元。杂支费多者 57.4 万元,少者 4 万元。福利费及杂支费有很大部分是不必要的浪费。

今后意见:1.办公费用由政府供给,平均每 3000 人口每月补助 15 万元,由区统一掌握,按各居民委员会的实际需要,分等发给。2.群众同意兴办的福利事业,其经费应做出预算,经办事处签注意见,由区人民政府审查批准后,在居民群众中募捐,但不许平均摊派,也不得加重少数人负担(已规定每户可自愿捐献 500 元至 5000 元为好)。3.经费募集,一般以半年一次为宜。各项经费收支,应立账目。办公室,应按月结报送区。福利事业费,应于事业办完后,向居民公布收支情况。

居民委员会的工作人员,原则上不脱离生产,其主要负责人得酌情予以必要的补助。其标准连办事处人员在内,每市区人口 2000 人以薪金制人员最低待遇补助 1 人,由区统一掌握酌情分配。

五、关于区下的派出机构问题

目前区政权下,设一督促检查居民委员会工作的派出机构是必要的。因为每区所辖人口数量很大,一般有 100 个左右居民委员会,居民委员会的工作对象占城市人口的三分之一以上,区政权需要一个机构协助它管理。若由公安派出所管,会影响其本身业务,而且完全由公安系统管理居民的日常生活,也不甚适当。

从办事处的工作内容来看，它不仅不是一级政权，而且也不是一个完整的政权派出机构。除里弄工作外，区政权其他工作，均不需通过它去管理。它的工作范围，基本上和居民委员会的工作是一致的。它的名称应该是居民工作办事处。

居民工作办事处的辖区，应和公安派出所辖区一致。

里弄工作，应由区人民政府统一布置。区应定期召开居民委员会主任联席会议，和他们直接见面。居民工作关系到全市三分之一以上人口的生活、福利、政治活动和改造教育问题。虽不是城市工作的主要内容，但投一定的力量是必要的。因此，可以考虑在市民政局设立居民工作处（或民政处增设副处长），市区区人民政府设居民工作科，以加强对居民委员会的领导。居民工作办事处，应在区的统一布置下，按地区分工，深入居民委员会督促、贯彻、具体协助。其工作人员，亦可按业务大体分工，但应防止坐机关办事的现象。

居民工作办事处与公安派出所同是区政权一定工作的派出机构，因此不应该谈谁隶属谁。为了里弄工作的步调一致，互相配合，办事处、派出所、妇联、税局等，可组成一带有联席会议性质的地区工作组，其主持人由区人民政府指定。

1953 年 1 月 1 日

杭州市居民委员会试行组织规则(草案)

为了组织全市居民,充分发扬人民民主,贯彻人民政府法令,解决街道居民共同福利、政治、文化学习等项要求,特在街道中建立居民委员会。

一、居民委员会按照居民自然的居住状况,以 500 户至 600 户(一般不超过 3000 人)左右为一居民单位组成之。

二、居民单位的组织成员包括全体居民,但以有组织的工人家属,无组织的劳动人民为主体,已参加生产的有组织的劳动人民如工厂职工、机关职员、学校教员,可以参加居民组织,但参加活动与否听其自愿,机关、工厂、企业、学校、医院等不必参加居民组织,但应遵守居民委员会有关居民共同利益的规定,履行一般居民应尽的义务。

三、居民委员会的组织如下:

(一)居民委员会由居民代表会议选举主任 1 人、副主任 1 至 4 人(主任副主任中至少应有妇女 1 人),以及委员 5 至 9 人组成之。

(二)居民委员会主任、副主任及委员任期为一年,连选得连任。

(三)居民委员会日常工作由委员分工领导代表进行。

(四)居民委员会下设治安、保卫、文教卫生、优救福利、纠纷调解等工作委员会进行工作,委员由居民委员会聘请或由居民小组推选之。

(五)居民委员会每星期召开 1 次会议,必要时得临时召开之。

(六)居民委员会应以劳动人民及其家属为骨干,团结各界人民共同进行工作,并应尽量吸收转业军人、革命残废军人、烈军属参加工作。

四、居民委员会的职权如下:

(一)宣传人民政府政策法令,提高居民政治觉悟。

(二)进行居民中的治安、消防、公共卫生、文化娱乐、公用事业、优抚救济、调解纠纷等工作。

(三)经常征集和反映居民的意见和要求。

(四)居民委员会对居民代表负责并报告工作。

五、居民委员会受区人民政府之领导,居民委员会内治安组织并受派出所双重领导。居民委员会得按月向区人民政府报告工作。重要决议的执行或召开全体居民大会,须经区人民政府批准。市区各机关各人民团体,如需居民委员会协助工作时,必须取得区人民政府同意后,经区布置,均不得直接向居民委员会布置工作。

六、居民委员会之办公费由杭州市人民政府统一发给,消防、文娱、卫生等经费,按人民政府各业务部门的计划办理,禁止摊派。如尚有其他居民福利款项,有筹募,须按市区人民政府规定,定期编造预算并说明筹募方法,由居民代表会议讨论通过,经过审查,呈请杭州市人民政府批准后方可募捐。

七、市区人民代表会议的区域代表,得列席本人住居所在地的居民委员会议和居民代表会议,协助居民委员会进行工作。但不必再兼居民委员会的职务。

八、居民代表会议的组织如下:

(一)在居民委员会区域内,以居民20户至30户组成居民小组,每一居民小组各选代表1人,组成居民代表会议。必要时区人民政府得酌情聘请在居民中有代表性的人士为居民代表。

(二)凡反对帝国主义、封建主义、官僚资本主义,赞成共同纲领,年满十八岁之人民,除患精神病及被剥夺政治权利者外,不分民族、阶级、性别、信仰均得当选为代表。

(三)代表任期为一年,连选得连任。代表如不称职,经组内居民多数同意得随时更换之。

(四)代表被选为居民委员时仍为当选代表,唯选举其代表之小组得有候补代表或另选代表以领导该小组之工作。

(五)代表会议闭幕期间,代表得负责本小组日常工作。

九、居民代表会议的职权如下:

(一)选举和撤换居民委员会主任、副主任和委员,但须经区人民政府批准。

(二)听取和审查居民委员会的工作报告,向区人民政府反映人民的意见和要求。

(三)讨论有关本居民委员会范围内的各种兴革事项,作出决议交居民委员会实施或向区各界人民代表会议和区人民政府提出建议。

(四)审议本居民委员会的预算和决算。

(五)向居民传达和解释居民代表的决议事项。

(六)讨论市区人民代表会议或市区人民政府有关居民的决议和指示,作出决议交由居民委员会实施,并向居民进行宣传。

十、居民代表会议每月召开1次,必要时得开临时会议。

十一、居民委员会主任、副主任、居民代表会议代表以及其他工作人员,必须树立兴利除弊忠诚为人民服务的观点,和遇事与群众商量的民主作风,密切联系群众做好工作。

十二、居民委员会主任、副主任、委员及居民代表会议代表以及其他工作人员,一般均为义务职;应尽量做到一人一职(不兼其他工作),以免影响生产或生活。

十三、本规则经杭州市人民政府批准后试行,修改亦同。

1953 年 2 月 5 日

中共北京市委政策研究室
关于街道居民组织试点工作总结

(草稿)

　　街道居民组织试点工作自 1952 年 10 月下旬在东单区东观音寺派出所、西单区学院胡同派出所、东四区羊管胡同派出所、宣武区保安寺派出所先后开始。试验分两种组织形式进行,一种是东单区、宣武区在 1 个派出所只建立 1 个居民委员会,下设 4 个专门委员会;另一种是西单区、东四区在 1 个派出所内成立几个居民委员会,委员按地区分工,同时按工作性质分工(如分卫生委员会等)。现将初步经验综合汇报。

　　一、小型居民委员会比大型居民委员会有以下优点:

　　(一)活动范围小,节省委员的精力、时间,且工作深入。

　　学院胡同派出所共有 18 条胡同,过去每有活动,就有许多积极分子要条条跑遍,现在活动范围不出本街。东观音寺派出所在建立组织的初期,所有的委员都要照顾全派出所的工作,有的委员乱跑一阵,浪费许多时间,工作很不深入,有的不知如何做法,没做工作,后来才确定都分区负责,有了些头绪,做法基本上近似小型居民委员会。

　　(二)代表人数少,便于讨论问题。西单区各居民代表会议开会时一般都有较充分的讨论,如学院胡同代表会上讨论了扫雪工具的改良等很具体的问题,扫雪的成绩就特别好。东单区东观音寺居民代表会议开过 4 次会,缺席都在四分之一至三分之一左右,到会的也只是听听委员报告,没有发言讨论。平日做工作实际造成了各种委员多头领导代表,而不是代表在执行经过自己讨论的工作。

　　建立小型居民委员会的缺点是单位太多,不便于领导。西单区、东四区都用召开主席联席会议的办法交代工作,可以解决一部分问题,但主席联席会议不应多开,否则仍不免浪费主席的时间、精力。

　　西单区按街道建立 13 个居民委员会。东四区按公安户籍分区建立 7 个居民委员会。但治安保卫委员会按政务院所规定的条例,应由居民委员会与派出所双重领导,故二者的区划一致是必要的。其大小则以 200 户至 500 户左右为宜。有的户籍分担区太大,宜适当划小些。

二、按地区把代表的活动范围尽量缩小,由每 10 户左右选举 1 名代表,各项工作都由代表一揽子地发动左邻右舍的群众执行自己决议的办法,比过去强调按工作性质分工,一事一职,但要跑好多路的办法节省精力。4 个派出所的代表们对这一点普遍反映满意,认为:"不出本院就把事情做了,可以照顾家务了"。一般居民对凡事由代表联系,改变了过去查卫生的刚走查防火的又来、"踏破门槛"的现象也很满意。

三、确立居民委员会为群众性的福利组织是适当的。4 个试点派出所的居民组织,在卫生、治安、政治学习方面发动群众进行日常的工作,一般很受居民拥护,不感困难,并因之减少了强迫命令现象。学院胡同的卫生工作成绩比西单区其他派出所都好,东观音寺、羊管胡同在扫雪工作上也都有突出成绩。此外,西单区、东四区的居民代表并通过代表会议主动解决了一些未经政府布置的居民福利问题。如西单区学院胡同与屯绢胡同有些人家无自来水,但不足设立公共水站的户数,过去卫生委员要有水户供无水户用水泼街,而吃水问题却长期不能解决。经该两条胡同的代表在代表会上提出后,有水户表示愿供无水户吃水,互助合用水表,问题轻而易举地解决了。学院胡同全派出所的各居民委员会,应代表的要求共建立了 16 个读报组。另有些问题是需要政府解决或协助解决的也及时通过代表会提出解决了,如学院胡同要求拆掉一座有碍交通安全的旧警察阁子,兴盛胡同修建了民办公助水池,都很为居民所满意。

但在试验期间对不把居民组织当作政府的腿来使用的问题则贯彻得极不彻底,若干种牵涉广大居民群众的工作还是同时期压下来。这样,就无论在大型或小型的居民委员会都不能克服忙乱现象。如评选治安保卫模范与评选卫生模范两项大工作虽都通过了市政府才布置下去(评选卫生模范是由市卫生委员会布置到区,已开始进行之后,由市府追认的),但都挤在一月中旬限期完成,又与改选街道市妇女代表同时,因此委员与代表仍是整天开会。西单区学院胡同当时还在试验贯彻婚姻法,自 1 月 2 日至 1 月 9 日所有的委员、代表每天下午都要参加学习婚姻法,四项工作都是"中心",区政府、派出所虽都尽量统一安排了先后步骤,但仍不能根本解决问题。有时中心工作虽只一件,但限期完成就打乱居民组织自行拟订的计划,如学院胡同派出所松花庵、枣林街、锦帽胡同居民委员会决定于 1952 年 11 月底完成大扫除,市卫生委员会临时通知提前 4 天在 26 号检查,造成忙乱。有的代表、委员反映"改变了组织还是不行""说是群众组织，还是政府说了算"，对这种强迫命令布置工作的办法很不满意。上述的工作都不是非限期完成不可的。因此，市政府及各群众团体的市级领导机关，应下决心减少或推迟那些不可能很快就在街道居民中做好的工作，而区政府也应该更坚决地对不能立即进行的工作提出意见。

关于调解纠纷，仅东四区在两个居民委员会中明确规定有调解任务，并于1952年12月调解了21件纠纷。其他区都未规定居民组织有调解任务，但西单区委员与代表仍自动调解了二十几件纠纷，结果尚未发现歪曲政策、强迫命令等现象。对究竟是否将调解群众纠纷列为任务的问题，现有两种意见：一种意见是应列为任务，但要明确规定无仲裁之权，并向群众宣布，调解组织则不必单独设立；另一种意见是根本不列为居民组织的任务，对防止强迫命令较为彻底。

四、建立小型的居民委员会就必须在派出所一级设 3 至 5 名干部辅助指导居民委员会的工作，并兼办上级政府所交付的行政事务工作，其中且应有 1 名较目前民政干事水平为高的干部作为核心。以派出所长或副所长领导居民组织的办法，名不正言不顺，并不妥当，仍以设民政干事组为好，派出所与居民组织在工作上需联系之处甚多，故民政干事与派出所可以合署办公，密切联系。但多数派出所长的意见认为仍由派出所长领导为好。

五、街道中的其他组织中属于企业部门的，如图书发行站等已一律取消，但人民银行对不许找积极分子推广小额储蓄仍有意见，认为这样做就不能完成任务了。属于政府部门所建立的单独组织，如缴纳房地产税小组亦予取消，由居民委员会进行动员宣传工作，收效很好，并不影响税收。但属于其他群众性团体的组织，如妇女代表会、抗美援朝支会、中苏友协支会、红十字会基层组织等在试验期间活动较少，应如何处理，尚无成熟经验。

六、街道组织中过去发生过不少摊派现象，试验过程中东四区东直门大街居民委员会在1952年底还向居民摊派了 26 万元给军属送礼。故应明确规定居民组织举办如污水池等福利事业需要经费开支，向居民筹募时应经区政府审查批准。至于居民委员会每月需办公用费二、三万元，则可由区政府供给，列入预算，由政府报销。

1953 年 2 月 19 日

谢觉哉就城市居民委员会有关问题给政法委员会的报告

关于城市街道的组织形式、工作任务等,各地均存在许多问题,迄未做过统一的解决。1952 年 12 月,奉总理指示,内务部曾向华北行政委员会、中央政治法律委员会、中央公安部组织调查组,分赴上海、天津、北京、沈阳、武汉等市,协同当地政府有关部门,对于这些问题,进行了一次调查研究。兹将居民委员会的组织形式及工作任务等概括情况及我们对于这些问题的解决意见报告如下。

一、城市街道居民情况的分析

根据上海市 7 个不同地区的居民委员会的调查,总人口 18400 人①中在生产、经营、工作、学习等单位参加集体政治生活的(包括工人、机关工作者、工商业主、教职员、学生等)有 7246 人,占总数的 39.2%。这种人是城市工作的主要对象。他们的活动,他们的利害关系,主要在他们所参加的单位里面实现;他们的个人福利问题也大部分在其所参加的单位内获得了解决。但他们既居住在里弄内,里弄的居住福利问题,如消防、卫生等,同样和他们有关系。

其余 12154 人的生活福利问题完全需要在地区性的组织中求得解决。这些人中有 6061 个,即占人口总数 32.9% 的人口,是尚未就业的人、家庭妇女、摊贩、行商、分散的独立劳动者及自由职业者等,他们有的虽也有其一定的组织,但其日常活动比较分散,不是在集体的单位内去实现,这就更需要有个地区性的组织,不但为了解决他们的生活福利问题,而且为了组织他们,教育改造他们,通过它参加一定的政治生活,响应政府号召,贯彻政策法令。

街道居民的生活福利要求很多,越是工商业发展比较落后的城市和比较贫苦的住区,这种要求越迫切,同时上述不能过集体政治生活的人口也越多。因此,城市的街道居民组织在任何时期都是需要的,而在日常活动比较分散的人口还未能减少的情况下是尤其需要的。

---

① 　下文两处数字 7246 人和 12154 人相加与此不符,原文如此。——编者注

二、目前居民组织概况

5 个城市在市内区人民政府下,均各有一定的做居民工作的组织,但组织形式很不一致。大体可分 4 种类型:

(一)在公安派出所内设民政干事,领导居民工作,并以公安派出所辖区为范围,组织各种专门工作委员会,在街道内设各种工作小组。北京、沈阳两市大部地区采取这类形式。这种形式有两个弊病:第一,公安工作与民政工作性质不同,领导系统又不一致,由公安派出所领导一切居民工作的结果,使公安派出所任务过繁,影响其本身业务,有的甚至在具体工作上发生民主与专政混淆不清的现象,并在领导关系上时常发生纠纷。第二,各种专门工作委员会及工作小组都在居民中布置工作,没有统一的组织,容易发生混乱现象。如该两市有些地区曾存在过 20 余种工作委员会,形成组织多、会议多、兼职多的混乱现象。

(二)以公安派出所管辖的范围建立大型居民委员会。委员会下设各种工作委员会,工作受公安派出所民政干事指导。北京、沈阳两市均有这类形式。这类居民委员会的区划包括一至二万人口,甚至更多的人口。居民委员会兴办的福利事业多以里弄或胡同为单位。而其工作人员又不脱离生产,而且能力有限,区划范围过大,不便于深入工作,不便于直接联系群众,并使积极分子误工过多,生活受到影响。

(三)以公安派出所管辖范围,成立作为一级政权的街人民政府,下设各种工作委员会,并召开街人民代表会议。武汉市采取这种形式。但实行的结果,是不妥当,因为城市工作有它的集中性,各项重大的建设工作,都要由市统一掌管。带地区性的又有区人民政府管理,至于街道居民福利又有居民组织,所以根本没有在区下设立一级政权的必要。

(四)在公安派出所辖区内,组织若干小型的居民委员会,与公安派出所平行成立办事处或街公所,作为区人民政府的以领导居民工作为主要任务的派出机构。在上海、天津两市采用这种形式。这是各种形式中比较恰当的一种。

根据上海 7 个居民委员会的统计,居民委员会的委员和各种工作委员会的委员共 413 名,其中男的 265 名,占总数 64.1%,女 148 名,占总数 36.9%。在业的 168 名,占总数 56.4%。另据上海市久安里、金家巷、崇安里三个居民委员会的统计,37 名居民委员会的委员中,男的 28 名,女的 9 名。武汉市交通街街干部和 5 个委员会的委员共 48 名,其中男的 23 名,女的 25 名。

上海市华德里居民委员会主任是木材工厂的生产模范小组长,身兼四职,影响了生产。福寿里居民委员会副主任是邮局工人,反映"心有余而力不足"。和丰里居民委员会主任是拉橡皮车工人,身兼五职,每月减少收入约 10 万元。

上述事实说明:目前在街道工作上,虽已有相当数量的妇女参加,但男性往往占多数,尤其是负主要责任的,妇女所占比例更小。其次,做街道工作的,虽然不在业的多于在业的,但在业的人所占比例仍然很大,而且有些生产的骨干分子在做居民委员会的工作。这种情况应该逐渐求得改变。

三、居民组织的工作概况

居民组织做过很多的工作。如上海久安里居民委员会曾做过下列各项工作:

(一)搞运动,主要的如:抗美援朝捐款、制定爱国公约、镇压反革命、爱国卫生、改造旧警察、司法改革、禁烟禁毒及劳动就业登记等。(二)办福利,如:为防止轰炸后缺水,掘井四口;推选代表解决实业地产公司过于提高房租问题;建立居民保健站,补助贫苦居民治病费,代办入院手续及代为向政府申请发给减免治疗费证明,为贫苦失业者募集医疗费、埋葬费;办识字班、读报组,办黑板报、大字报,成立图书站;办抗美援朝图片展览,放映爱国卫生及婚姻法宣传幻灯片;为贫苦子女入学要求减免学杂费出证明;动员居民种牛痘、打防疫针;建立垃圾箱、修建小便池,清除垃圾、捕鼠灭蝇;放哨看夜。(三)协助政府及其他方面,主要的如:协助政府调查贫困居民,进行救济;协助土产公司推销细粉、糖、枣子、葡萄干等;协助粮食公司推销白稻米;各节日为军属送礼物,对军属进行慰问,开庆功大会,贷款给贫苦军属解决各项困难。

居民委员会办了很多有利于居民的事情。但有不少工作是不应交它做的。各企业单位如土产公司、书店等到居民委员会布置推销任务是不能允许的(但如为居民代交房租、水电费,可以节省居民时间,对居民是一种福利,对有关机关也是一种协助,类似这种情况例外)。靠居民委员会清理积案,把很多案件交它处理,甚至让居民委员会干部送传票,到外区调查案情(上海江宁区);有的企业公司让居民委员会干部代贴广告:这些是都不应该的。贫苦军属及居民的生活困难两项应由政府统筹解决,不应由居民委员会筹款。放哨看夜一般不需要。

四、意见

根据上述情况,关于街道居民组织的组织形式及工作任务问题,特提出如下意见:

(一)为了克服组织混乱、领导多头的现象,统一街道居民组织,采用居民委员会的形式是必要而恰当的。居民委员会不但大城市需要建立,小的城市亦需要建立。应把这种组织形式在全国所有未建立居民组织或其组织形式不适当的城市推行起来。

(二)居民委员会是以解决居民自己生活福利问题为主要任务的群众性的自治组织,不应使之负担过多的行政任务。领导居民委员会的工作应遵照"多给群众办事,少给群众找麻烦"的原则。各部门在居民中进行工作时,须经市、区人民政府同意后,由市、区政府或其派出机关统一布置。

(三)居民委员会的区划宜小不宜大,其层次宜少不宜多,其组织宜简不宜繁,其工作人员应一人一职。凡已组织居民委员会而区划过大的应适当缩小。凡居民委员会又有代表会议作为权力机关的应予改变;居民小组内再不应分设各种工作小组。居民委员会下所设之工作委员会一般不得超过 5 个。各部门不得任意在居民中成立组织。已有过多的组织,除必要者外,应撤销的撤销,应合并的合并。

(四)居民工作关系到全部居民的生活福利问题,也关系到全市 30% 以上的人口的政治生活和政治教育问题。虽然不是城市工作的主要任务,但做好这一工作有利于经济文化建设和人民民主专政。因此,为加强和统一居民工作的领导,在人口较多的区及不设区的市下,在今后一定时期内设立街公所作为市区人民政府以领导居民工作为主要任务的派出机关是必要的。此外,市区人民政府也应设一专管居民工作的机构。

(五)福利工作多与家属有关,因而居民委员会的工作应更多地依靠家庭妇女尤其是职工家属,其次是尚未就业的劳动人民。在业职工尤其是工厂的先进生产者不宜参加居民委员会的工作,更不宜以这些人为骨干。

根据这次调查研究,我们起草了《城市居民委员会的组织办法》及《城市街公所组织办法》,这些办法的基本内容,调查组均已取得各该市相当负责干部的原则同意。以上报告连同两个《办法》是否妥当,恳予批示。

1953 年 3 月 4 日

关于杭州市组织建设问题的初步意见

(一)居民区

杭州市人口共 553488 人(不包括公共户口),其中有组织人口(包括工人、农民、学生、军警、文教人员、工商业者、职员)占 41%,无组织及组织不严密人口(包括家属妇女、自由职业者、独立劳动者、小商贩、失业人员、无业人员、船民、转业军人等)占 59%,全市划分 10 个区,55 个派出所,3 个水上派出所,505 个居民区。

居民区是按居民自然的居住状况组织起来的,组织对象主要是无组织的或组织不严密的群众(如家庭妇女、独立劳动者、摊贩等)。根据调查,居委会主要解决居民的一切生活上问题,另外由于居住在一起的自然条件,又共同担负一些国家义务,如治安保卫、监督税收等。

现在居委会所担负的任务是:(1)协助管制反革命分子、监督户口、冬防、巡逻、检举反革命分子。(2)掌握居民政治学习、黑板报、组织读报、节日宣传、写标语、街头宣传等,收听广播,组织看电影(文化夜校与俱乐部由派出所统一领导)。(3)发动群众打扫清洁卫生、检查卫生、井水消毒,防疫注射。(4)检查火烛炉灶、电线、防火设备。(5)妇婴保健,办幼儿班,调解家庭纠纷。(6)组织居民集体缴纳房地产税。(7)其他居民福利工作如优抚烈军工属、社会互济、组织储蓄等。

过去居委会组织上存在的问题:(1)居委会原设正副主任及治安、宣教、卫生、消防、妇女、生产等 6 个委员,以后随着情况发展,又增设了优抚小组、储蓄小组、护税小组、调解小组(司法改革中成立)。在领导上则前年镇反后成立治安保卫小组,归派出所领导;去年爱国卫生运动中又成立防疫大队;妇联下面有基层妇联支会。这三个组织主要是根据工作需要产生,与治安、卫生、妇女委员在工作上无一定的关系,亦无分工。故总的情况是任务不重、组织混乱、领导不统一。生产委员事实上无什么工作,形同虚设。(2)由于居委会在工作上没有发挥组织力量,加上在劳动就业登记后,居民委员陆续有就业的,故工作集中到少数人身上,组织亦残缺不全。(3)由于以上两个原因,居民干部兼职很多,一般兼二三职,有的兼到十余职。(4)资本家当居民干部后处理问题无立场,怕得罪人,"五反"后一般消极。

根据以上情况,为了统一领导居民区各项工作,在居委会下面应设委员会,委员会下面视需要再设组,有工作时推动有关委员会去搞。但设多少委员会仍要看该居民区情况,有的如工作的任务轻可只设组,有的亦可不设(如无该项工作)。一般设如下几个组织:(1)治安保卫委员会(或组),主要管理治安保卫工作,消防工作并入该组织。(2)卫生委员会(或组),主要管理卫生工作,防疫大队应归之领导。(3)文教委员会(或组),主要管理政治、文化学习及宣传工作。(4)调解纠纷委员会(或组)。(5)优救福利委员会(或组),主要管理优抚、社会救济、储蓄等居民福利工作。(6)护税委员会(或组)。(7)另设妇女代表会与人民检查员。

关于居委会应依靠什么人组成的问题,根据调查情况来看,居民区的人口组成中,有组织人口(包括工人、学生、军警、文教人员、职员、工商业者等)与无组织或组织不严密的人口约各占一半,如焦营巷有组织人口占 53.6%,无组织或组织不严密人口占 46.4%;助圣庙前有组织人口占 46%,无组织或组织不严密的占 54%;孝丰区有组织人口占 48.1%,无组织或组织不严密的人口占 51.9%;平海街有组织人口较多,占 62.5%,无组织或组织不严密人口占 37.5%,因该地区商店特别多,在无组织或组织不严密人口中又以家庭妇女为最多,约占三分之一到二分之一,老弱儿童亦很多,多的亦达二分之一(主要是儿童),此外有少数自由职业者、宗教职业者、失业人员、房产主、旧军官旧军吏、独立劳动者、摊贩、艺人等。故居委会主要应依靠下列成分组成:(1)家庭劳动妇女(有空闲时间者)、独立劳动者(家有其他劳动力、可以抽出时间来不至影响生活者)、摊贩(这一部分人晚上是空的)、失业人员、自由职业者,而以家庭妇女为主,因她们流动性小。(2)有组织人口应适当参加,特别是在工商业繁盛地区,以推动一般的公共事务(如卫生工作),据平海街居民区调查,居民区与工会在活动上有矛盾,居民发动后商店动不起来,职工一般不参加居民活动,因工会有布置,有的是怕麻烦,强调有夜间活动,如有适当人参加,则便于推动一些有关整个居民区居住利益的活动,其他如学习等参加与否自愿。

根据居委会这样的性质与组织状况,在特殊地区的组织应该考虑。天津的办法是在机关集中区与较大的工商业者暂不建立居委会,在工人宿舍地区是建立家属委员会。

（二）区

杭州市原设 8 个区,3 个城区,5 个郊区,均设区人民政府。后为了加强市的统一领导,城区取消区人民政府,于公安分局设民政股办理民政事务,郊区改为区公所。如此改变后,业务都集中到市里来,影响了市的领导精力,又于1952 年重新划分区界,建立区一级政权,撤销 5 个郊区区公所,建立上城、中城、下城、西湖、江干、艮山、笕桥、上塘、古荡、拱墅 10 个区人民政府。建区后目前存在的情况是:(1)市与区分工问题未充分解决,现区人民政府下设秘书、民政、工业、商业、劳动、文教、人事 7 个科,但因建区后主要是抓了中心运动(如司法改革、劳动就业),各科往往作为机动力量使用,一般业务尚未建立起来,市局反映区不起作用。此外,区还要领导公安分局、税务分局、卫生所、合作社与人民法庭,这些单位市局在业务、人事上均抓得紧,但生活供给亦是垂直的,实际上抓不起来,仅抓了些事务。(2)区里居民工作是很大的一头,但过去交给派出所管理,区没有一个专门机构来领导。(3)区府区委的分工问题如区府抓什么,区委抓什么,尚不明确。

根据这样的情况,我们的意见是:(1)在市与区的分工上,区府应直接领导本身各科工作,主要抓民政、生产、文教、卫生,并根据这一时期摸索的情况与市局研究划分业务范围。公安分局、税务分局、合作社,还是由市统一领导,区里监督,司法工作应由市统一领导,在上城、中城、下城、江干、拱墅应设分院搞一审(市院二审),因这几个区情况复杂,工厂企业又多,上塘、古荡、笕桥、艮山四个郊区及西湖区则设分庭。在政策方针掌握上容易一致,区亦可交出些事务,多抓中心,但区要掌握政治思想领导与业务上的指导,不然工作容易脱节。(2)区的分工。区长多抓中心,应设副区长专管居民区及一般业务。(3)区下面应设办事处专管居民区,不然区委抓不起来。区府应建立党组以统一政策统一步调。(4)区委应主要掌握政策领导,区府贯彻。

（三）市

杭州市作为一个城市来讲,其特点是社会阶层复杂与经济分散落后,故工作任务难分下去,未能进行城市的科学管理,从组织形式到干部配备均存在很多问题,不能适应当前复杂形势。总体来看,城市主要是两大组织:(1)政权组织,管理经济财政、专政与文化、教育、卫生,特别大的一头是经济,其中有些归国家管;(2)群众组织,包括工会、青年团、妇联,主要部分是工会。党的领导应是善于管理这两大组织。

　　杭州市目前的组织状况是市委下面设组织、宣传、工业、统战各部和居委会，又设工业、企业、机关、学校四个党委管党务工作；市下设区委。政权系统设各局，又设财委管理财经系统有关各局，党内设市府总党组，作为市委的派出机构，下接政法、文卫、财经建立分党组，主要是统一政策、思想、步调。存在的问题是：(1)地方党委领导目前突出性政治运动多，很多工作集中到市委来，加重了市委工作分量，不能充分发挥部门的组织作用。去年几条战线同时展开工作，市委为了集中统一、加强领导，又直接抓了市府各分党组，实际上分割了市府总党组的领导。将来真正进入计划经济时，政策方针、任务指标，均由上级确定，地方党委的任务主要应是政治保证与组织保证，要充分发挥部门的组织作用。今年是过渡时期，这两种情况要同时存在。领导方法是抓组织、抓运动，从抓运动逐步过渡到抓组织，但我们在通过组织、各按系统来实现领导□□有经验。(2)不同部门的职责、范围、分工、关系问题不很明朗，如省市关系、市区关系、各条与块关系、市委与市府关系、市府与局关系等未很好解决。

　　根据以上情况，我们对今后领导方法与工作方法的意见是：(1)市委领导主要抓两大组织及各区委，对两大组织通过党组实现领导，市委与党组任务基本上一致，主要是计划、检查、思想领导、调查研究、典型试验，一般工作部署只是在交代任务。市委与党组研究一定的分工，市委讨论到一定①交党组实现(党组均由市委委员分工领导)，这一方法使很多会议可减省，但市委办公室要加强。市委各党委会待政策工作结束后可取消加强各部工作。(2)市府总党组下面各局工作的方面很多，要实现全部组织领导仍不可能，应使局与区成为基层的组织领导地位，市府总党组仅是确定方向方针，如此，则各局要建分党组，建立局的集体领导并由总党组分工领导，作具体部署。目前先政法、文卫系统中试行，财经系统仍暂由财委管理，建立分党组，将来财委不管具体业务，仅掌握计划、检查，亦可取消，加强市府办公室即可。(3)分清职责，建立责任制。现下面依赖市委，则工作效率不高，应从市委领导到各级组织科学分工。市里条条，(市与局)块块，(市与区)应是两级，明确分工后，市的会议就可减少，日常公文要排队，划清哪些由市管，哪些由下面管，以减少市领导上的事务主义。市的例会规定市委员会议一月一次，常委会一周一次，办公会议半月一次，市府政府委员会一月一次，行政会议一周一次。除例会外，特殊的临时性

---

　　① 一定：一经制定；一经确定。——编者注

或专门性会议每月控制几次,不成熟的会不开,再控制了公文,领导就有腾出时间来下去。

党务系统目前的主要组织情况是市委会设有办公室、组织部、宣传部、工业部、统战部和郊委会。市委下面设市级机关党委会、工业党委会、企业党委会和学校党委会。全市共有 10 个区委,市区委 6 个,郊区委 4 个。目前存在的主要问题是:(1)市委办公室与组织部、宣传部、郊委会的组织机构不能满足今天的需要,主要干部被公文所牵涉,不能经常深入下去。在组织编制上缺乏机动力量,如抽调干部去搞基层工作则影响正常工作的进行。(2)各党委会的性质与工作范围不够明确,特别是工业、企业党委会。目前省市不统一(省属工厂行政领导属于省府,党的领导属于市)。目前工业党委会情况是:由于党务工作与行政工作领导不统一,党务工作与生产有脱节现象;同时,由于工业党委会、工业部与工会都向下布置工作,对工厂企业的领导又产生多头现象。此外,市属工厂与区属工厂的划分不明确,工作范围与力量配备亦难以确定,造成下面会议多而重复。企业党委与行政亦有脱节现象,再由于国营商业支部无专职支部书记,区办事处建立后,亦未建立党的组织,削弱了支部工作,领导不统一的情况亦存在。如肥料公司的行政领导和团的关系属于卫生局,党的组织属企业党委会,此次三大任务的传达报告即重复听了 3 次。

1953 年 3 月 5 日

福州市民主建设工作通报

河西居委会民主建设工作队在民主选举与组织建设的基础上,于 3 月 20 日召开了各系统全体干部会议,会上由孙同温局长作了"如何做好基层工作"的动员报告。

孙局长首先说明在充分发扬民主的基础上大家当选干部的光荣,并发动大家珍视这个光荣,要以此来激发自己的责任感,力求完成人民的托付,以后即针对过去基层组织中存在着各系统机构重叠、领导多头、各自为政、普遍兼职等制度未建的情况,就以下几个方面指出了今后如何才能做好基层工作。

一、关于居委会内各种组织相互之间的关系。

居民委员会是半群众性半政权性的组织,它是在区人民政府直接领导下进行工作的。它和派出所在全面性工作上是配合关系,在治安业务工作上,派出所对于居委会是指导关系。居委会和青代会、妇代会、中苏友协、红十字支(分)会之群众全体在组织上是平列的,在工作上是配合关系,在人事上各群众全体负责人应参加居委会为委员或列席居民委员会议,以便统一领导。各种专门委员会和专门小组均统一在居委会领导下进行工作。其中治安保卫委员会受居委会和派出所双重领导,调解委员会受居委会和区分庭(或巡回法庭)双重领导。其他组织和区有关业务部门均是指导关系。

前述的关系无论是领导关系也好、指导关系也好或配合的关系也好,今后凡召开居民群众会议和中心任务的贯彻,均由居委会召开委员会议或联席会议进行研究,统一部署,共同贯彻执行,这样才能统一居委会的领导与发挥条条保证的工作。

二、各种组织已建立起来,做什么工作呢?

(一)居民委员会总的任务

1.宣传共产党和人民政府的各项政策法令,提高广大居民的政治觉悟。

2.进行居民中治安、消防、公共卫生、文化娱乐、社会救济、拥军优抚、调解纠纷以及其他行政工作。

3. 经常征集和反映居民的意见和要求。

4. 执行区人民政府临时交办之事项。

（二）根据居民委员会总的任务，确定各种专门委员会的具体工作

1. 治安保卫委员会主要任务是：（甲）领导治安保卫小组进行管制与教育反革命分子、调查与了解有关社会情况；（乙）领导人民纠察队进行经常性的巡逻，组织指导居民防空、防火、防特，维持社会秩序，保卫人民利益等工作。

2. 民政委员会主要任务是：（甲）贯彻优抚政策，开展群众性的拥军优属工作，组织军烈属生产；（乙）执行社会互动互济为主、政府救济为辅的社会救济方针，运用群策群力的办法，组织贫民生产自救，做好社会救济工作；（丙）负责登记、统计与了解居委会系统干部情况等工作。

3. 文教委员会主要任务是：（甲）领导人民文化学校，发动居民积极参加文化、政治学习；（乙）领导黑板报编辑小组出刊黑板报，及时报告工作情况，交流工作经验，表扬好人好事与开展批评与自我批评；（丙）领导宣传家和读报组进行学习与开展居民中的时事、政治等宣传工作，以提高居民的政治觉悟；（丁）领导与开展居民中的文化娱乐活动。

4. 调解委员会主要任务是：（甲）负责调解居民中的婚姻、债务、日常生活等方面的纠纷；（乙）协助上级业务部门有关民事、刑事案件的调查；（丙）经常向居民进行政策法令的宣传，维护人民的法纪。

5. 爱国卫生运动委员会主要任务是：（甲）领导卫生督导队进行居民中的环境卫生、个人卫生的督促检查和指导工作；（乙）领导妇幼保健小组进行居民中的妇幼卫生工作，如贫苦产妇的辅助、贫苦婴儿的辅助等及有关妇幼卫生常识的教育；（丙）经常对居民进行防疫常识及反对美帝细菌战的教育工作；（丁）对于贫病医疗（传染病急性病）应及时给予协助申请医疗。

6. 劳动小组主要任务是：失业人员的登记统计、失业救济金的评比发放、失业人员的劳力调配（上级劳动部门决定调配时）以及组织生产自救等工作。

7. 财经小组主要任务是：（甲）按季收缴房产税和地产税；（乙）负责对于居民使用公产的管理和使用费的催缴工作；（丙）居委会经费收支管理等工作。

8. 居民小组代表主要任务是：（甲）经常征集与反映居民的意见和要求；（乙）传达居民代表会议的决议，领导居民贯彻执行；（丙）办理居委会交办的事项；（丁）对于居委会的工作提出批评和建议，从而实行居民的监督。

（三）青代、妇代的工作任务

1.组织、团结和教育广大青年、妇女响应党和人民政府的号召，积极参加社会活动，贯彻保证各个时期任务的完成。

2.经常反映青年、妇女的意见和要求，传达与贯彻上级指示和决议。

3.在可能的条件下帮助解决青年、妇女的福利问题。

（四）中苏友协、红十字支（分）会的工作任务（见会章，在此从略）

孙局长在说明了基层组织的积极关系和工作任务及范围以后接着交代了工作办法：

（一）同意居委会领导，互相密切配合。凡召开群众会议和开展中心工作，应由居委会召开委员会议或召开居委会与有关部门的联席会议，集中讨论，共同研究，提出办法，作出决议以后大家贯彻执行，这样既可防止各自为政的现象，实现集体领导的方法，又可密切互相联系，发挥条条保证的作用。

（二）学习政策法令，研究上级指示，多请示报告，多研究业务。不懂的事情要学习，没有把握处理的问题要请示，要依照政策法令办事，要根据上级指示执行任务；要发扬民主，依靠群众，集中大家的智慧，事情才能办好。

（三）各项工作要有布置、检查和总结。从工作布置中来锻炼自己的计划性，从检查工作中来推动工作的进行，从总结工作中来肯定成绩，找出缺点，分析根源，得出经验教训，指导今后的工作，不断地从实际工作中来提高自己。

（四）大家要团结。所谓"团结就是力量"，团结起来工作才能做得好。一个好的干部，他必须善于团结，凡是不能团结别人的干部，意志就不会坚强，工作也不会做好，因此也就不是一个好干部。我们工作所以会得到成绩，它不可能是一个人努力的结果，而必须是因为有上级的正确领导，广大群众的有力支持和互相一致的配合，才会获得的。

其次孙局长说明了如何从实际工作中争取做一个人民的好干部：

（一）要树立主人翁的思想，工作要主动，要找事情做，不要单纯依赖布置，不要做挂名的干部。因为群众拥护我们，才选大家当干部，所以大家要发挥积极性来完成人民群众需要我们办的事情，以尽到自己的职责。

（二）要廉洁奉公，不贪污腐化，要大公无私，不徇私人感情。凡是自私自利贪污腐化的人，就不能做一个人民的干部，只有大公无私不徇私人感情的人，才会得到人民群众的欢迎。

（三）要以身作则起模范作用，才能推动群众进行工作，要做到吃苦在前，享福在后,才能受到群众拥护。共产党所以能取得胜利,所以有崇高的威信,就是因为其党史能起模范作用,并具有吃苦在前,享福在后的伟大精神。今天我们是共产党领导下的干部,我们应该向这个方向努力。

(四)要有团结、互助、友爱的精神,不闹小宗派,不搞小圈子,有缺点互相帮助克服,有困难互相解决,有任务大家贯彻,只有这样才能发挥集体的力量,养成良好的作风,也只有这样才能搞好工作。

再次孙局长针对目前干部中存在的"业务不熟悉""工作不会做""群众这样拥护,我干不了"(意思是说群众拥护是好的,区要求太高了,以致存在害怕的情绪)等思想问题做了分析,着重说明只要依照前面所讲的内容去办事,就会得到群众的拥护。至于业务不熟悉,可以学习,所以存在害怕的情绪和不会工作的顾虑,是不必要的。同时说明共产党和人民政府对于干部的政策一定是采取爱护、团结、教育、改造、提高的方针,有缺点只要能改正就是一个好干部。

最后孙局长根据当前的中心任务——爱国卫生运动,号召大家积极贯彻,要做出成绩来。同时要将爱国公约订好,内容要切实,不要徒具形式,今后要通过检查爱国公约来发扬民主检查工作、推动工作,要以爱国公约作为发扬民主,完成工作的切实保证。

福州市民主建政办公室

1953 年 3 月 23 日

北京市街道居民委员会试行方案(草稿)

第一条　街道居民委员会,是无组织的街道居民组织起来进行自我政治教育和举办福利事业的群众组织。因之,它没有行政权力,在居民中只能用说服动员的方法,不能用命令的方法做事。

第二条　街道居民委员会的任务是:

(一)协助政府宣传政策法令,发动群众响应政府的号召;

(二)根据居民意见,办理居民福利事业;

(三)向政府反映居民的意见和要求。

第三条　街道居民委员会,是依街道自然形势和居民习惯,划定地区建立,一般以200户至500户为宜。街道居民委员会的产生,由每10户左右居民(包括零散商铺、作坊、职工宿舍)选举代表1人,从代表中选举主席、副主席1至3人(其中至少应有妇女1人),委员4至8人组成之。委员任期为半年,连选得连任;任期内不称职或因其他原因不能继续任职者,得随时撤换,随时补选。

居民地区内的机关、驻军、工厂、企业、学校、医院等可不选派代表参加街道居民委员会的选举,但必须做好当地居民共同商定的而需要大家共同完成的各项工作。

第四条　街道居民委员会委员可以分地段联系街代表;街代表负责联系并发动自己周围的群众进行工作。

街道居民委员会委员,尽量不再兼任街道其他组织的实际职务,做到一人一职,以免影响其生产或生活。

第五条　街道居民委员会每周召开一次会议,由主席召集,如特殊情况需要,得召集临时会议。街道居民委员会需要召开本地区全体群众大会时,须经本区人民政府批准。每次会议最多不应超过两小时。

第六条　街道居民委员会在工作上受区人民政府或其派出机关的指导和辅助;凡属政府行政事务或其他人民团体、企业部门的工作,均不得直接向街道居民委员会布置,如有工作必须由街道居民委员会协助进行时,全市性的须经市人民政府批准,通过区人民政府统一办理;地区性的则须经与区人民政府协商同意后,由区人民政府统一办理。

第七条 街道居民委员会开会或进行日常工作时,如需用灯、水、煤火、文具等,按节约原则,可由市人民政府协助解决;如为公共需要,举办群众的福利事业,要在当地居民中筹募经费时,必须经由区人民政府报请市人民政府批准。

第八条 各区人民政府可以根据此方案制定执行细则,经市人民政府批准后执行。

第九条 本方案由市人民政府公布之。

北京市人民政府

1953 年 4 月 3 日

牡丹江市建立居民委员会组织方案

为了加强街道工作,统一组织,克服工作上的混乱及进一步发扬人民民主,在街道居民群众中,宣传政府政策法令,反映群众的要求和意见,并办理居民群众的福利事宜,密切政府与人民群众联系,改进领导,纯洁组织,把广泛的、无组织的居民组织起来,在街道中建立居民委员会。

一、居民委员会

(一)居民委员会是群众性的自治组织,是办理居民福利和密切政府与人民群众联系的桥梁,是区人民政府推行工作的助手。

(二)居民委员会的划分:为体现中央规定,①组织宜小不宜大,②机构宜简不宜繁,③层次宜少不宜多,④积极分子应一人一职的原则,结合我市具体情况,确定以"行政街"为基础,按自然居住情况以 500 至 1000 户,25 个至 30 个居民组划分成一个居民委员会。

(三)居民委员会组织:

1.居民委员会之组织成员包括全体居民,应以劳动人民及其家属为主体,机关、驻军、工厂、企业、学校、医院等可不参加居民组织,但需遵守居民委员会有关居民共同利益的规定,履行一般居民应负的义务。

2.居民委员会由居民代表会议选举主任 1 人,副主任 2 人(主任、副主任中至少要有 1 名妇女)及委员 6 人至 10 人组成之。

3.居民委员会主任、副主任、委员任期为一年,连选得连任,并需经区人民政府任命。

4.居民委员会日常工作,以内部分工、外部分片(每一委员会负责四至六个居民组)的原则分工进行之,委员会设优抚、调解、卫生、文教、房产、治保、福利等委员。

5.居民委员会每月召开第一次会议,必要时得临时或延期召集之。

6.居民委员会对居民代表会议负责并定期报告工作。

(四)居民委员会工作任务:

1.办理发动居民能够办到的福利要求。

2.进行居民文化教育、公共卫生、公用事业、社会救济、治安、消防等工作。

3.宣传人民政府各种法令,组织居民群众参加各项政治活动,提高居民政治觉悟,做好抗美援朝及拥军优属工作。

4.协助政府完成有关街道上的工作及经常了解和反映居民的意见和要求。

5.为完成上述任务,居民委员会主任、副主任、委员、居民代表会议代表及其他工作人员要树立与利群众、忠诚为人民服务的观点和遇事与群众商量的作风,密切联系群众,注意倾听群众意见呼声,并还要开展批评与自我批评,以做好工作。

(五)居民委员会与各方面的关系:

1.居民委员会由区人民政府领导,并按期向区人民政府报告工作。召开居民代表会议时须经区人民政府批准,会议决议亦由区人民政府批准执行之。

2.居民委员会受公安派出所领导,派出所应给予工作上的支持和密切配合,共同协助完成工作,召开群众会时,需双方协商共同召开,不得单独进行。

3.市、区各机关、各人民团体,如需要居民委员会协助工作时,必须商得区人民政府同意后,经区派遣。任何机关、团体不得阻挠行政,否则居民委员会得拒绝接受。

4.市、区人民代表会议之代表、协商委员、政府委员可列席参加所在地之居民代表会议或居民委员会议。

(六)关于居民组:以现有居民组为基础,个别的不合理的作一调整,以区为单位,重新以□排列居民组之名称,统一利用这一名称,任何机关单位不得重起别称,并撤销居民组长,实行居民代表制(即居民代表兼组长)。

(七)居民委员会建立后,过去之优抚、卫生、文教等委员会及电费、房产、纳税等各种组长一律宣布撤销,不予保留。

二、居民代表会议

(一)居民代表会议由居民委员会主任召集之。

(二)会议组织:

1.在街的区划内每一居民组各选居民代表 1 至 2 人组成居民代表会议。必要时首届由区人民政府酌情聘请在居民中有代表性的人士为居民代表,下届由上届居民委员会聘请之。

2.代表任期为一年,连选得连任,代表如不称职,经组内居民多数同意,通过居民委员会得随时调换之。

3.居民代表会议闭会期间,代表负责领导本居民组日常工作。

(三)会议职权:

1.选举和撤换居民委员会主任、副主任及委员。

2.听取和审查居民委员会的工作报告。

3.讨论有关本街内的各种应兴应革事宜和福利事业,作出决议交居民委员会实施或向区政府提出建议。

4.讨论贯彻市区人民代表会议决议或市区人民政府有关居民的决议和指示作出决议,交由居民会实施,并向居民进行宣传。

(四)会议时间:

居民代表会议每月召开会议一次,必要时得临时或延期召开之。

三、经费(略)

四、本方案经市人民政府批准后实行。

牡丹江市人民政府民政科

1953 年 4 月 27 日

【牡丹江市民政局提供】

东北行政委员会开会布置基层选举工作

　　东北行政委员会在 4 月 28 日举行第二次会议,部署基层选举工作和第二季度工作。会议首先听取并通过了汪金祥副主席关于基层选举工作的报告,最后由林枫副主席作了总结发言。汪金祥在报告中对东北区进行普选的步骤和时间的安排问题作了具体的说明:根据东北地区的生产季节情况,基层选举工作拟分为两个步骤进行,并把城市与农村的普选时间适当地错开,以便于掌握领导。第一步进行人口调查与选民登记工作,农村在 6 月中旬至 7 月中旬完成;城市在 7 月中旬至 8 月中旬完成。第二步进行基层选举,农村在挂锄后开始,争取到 8 月底完成;城市 9 月初开始,到 9 月底完成。县(市)人民代表大会拟于 10 月或 11 月召开。省(市)人民代表大会根据中央指定时间召开。为此,应即做好以下准备工作:(一)县(市)选举委员会应于 5 月初全部成立起来,根据中央选举委员会的指示积极进行基层选举的各项准备工作;(二)做好普选的宣传工作,根据中央关于普选宣传工作指示,各地五月份应即配合训练干部展开宣传;(三)整理城市街道组织,将居民委员会成立起来,为城市普选做好准备。

　　汪金祥接着指出:组织力量训练干部是做好基层普选工作的关键。根据东北城市和乡村人口情况,东北全区需要普选干部 7 万余人,必须按时集中进行训练,因此东北及各省(市)应抽调一批干部参加普选工作。抽调的干部应具备一定政策水平和工作能力,并应有一定比重的领导骨干。关于干部训练,由各省(市)县选举委员会领导进行。各省要着重训练一批领导干部,以便指导与帮助县的干部训练工作。训练中要学好中央选举委员会所规定的各种文件。经过训练,要使干部懂得政策,学会工作方法,并交清各项工作纪律与请示报告制度。训练方法采取集中训练与重点试验相结合的方法。训练时间省应在五月中旬开始(市可在 6 月下旬开始),时间为 5 天至 7 天;县应在五月下旬开始,时间为 3 天至 5 天。为了搞好干部训练工作,保证教学质量,凡政策训练,要求各省(市)县主要负责干部亲自讲课,一般普选业务由民政部门负责干部讲课,人口调查由公安部门负责干部讲课。干部经过训练后,由县选举委员会统一编成工作队,每区派 1 个队,每 3 个村派 1 个组,每村派 1 名选举委员会主席,区设人民法庭,展开普选工作。

关于基层普选工作的做法,汪金祥指出:各地在进行普选时必须密切结合生产,使普选工作真正成为推动生产的动力。为了切实达到中央选举委员会关于基层选举的五项要求:(一)人口调查与选民登记工作,在农村以自然村(屯)为单位登记,城市以户籍区为单位按院落、胡同登记;要充分做好宣传工作,说明人口调查与选民登记的目的和意义,解除群众可能产生的某些顾虑;严格按登记表所列项目登记,不准随便增加项目;尊重群众生活风俗习惯,不限定登记时间,以便利群众生产和工作。(二)审查选民权是一件极细致的工作,必须向群众交清政策,有重点地确定审查对象,严格防止各种追逼乱斗现象之发生。(三)农村基层普选要结合反对官僚主义、反对命令主义、反对违法乱纪的斗争,但必须以普选工作为主。其方法是:在普选前做好准备,由县负责分批召开会议,采取总结和布置工作的办法,领导干部带头深刻检讨,充分发扬民主,展开批评与自我批评,表扬好干部,揭发各种强迫命令、违法乱纪的坏人坏事。在候选人提名和审查时再经过群众讨论鉴别,把那些被群众爱戴的并与群众有密切联系的人提为候选人,把坏人和违法乱纪分子去掉,以达到教育干部之目的。为了搞好这一工作,必须切实正确地掌握政策,防止造成混乱和偏差。(四)人口调查、选民登记和基层普选均应采取分批进行的办法,一个县一般可分三批进行。(五)基层选举必须抓紧时间,利用空隙,强调便利群众、便利生产,强调庄严朴素,切忌铺张浪费,并必须发扬民主,防止包办代替。

最后汪金祥指出:各省市人民政府和选举委员会,对基层选举工作必须加强领导,经常进行检查,研究总结经验,及时发现问题解决问题,并迅速订出计划,部署执行,保证普选工作的健康开展。为了及时掌握情况指导工作,从六月中旬开始,各省市每星期应向中央选举委员会和东北行政委员会做一次情况简报。

在会议上林枫副主席作了关于普选工作的总结发言。他说:进行普选,召开各级人民代表大会,对于进一步巩固人民民主专政,提高人民的政治积极性,推动国家的建设事业,具有伟大的意义。要向人民群众进行广泛深入的宣传解释工作。依靠广大人民群众的积极参加才能真正做好普选工作。因此必须注意三个环节:第一,要求各级领导上必须重视这一工作,并能具体地细致地掌握普选中每一个环节,注意研究和贯彻有关的政策问题,注意发动群众和依靠群众的积极性进行工作。第二,必须与生产建设密切结合,要通过普选,发动全体劳动人民积极搞好生产建设,工作方法也要注意适合这一要求,避免铺张和形式主义的做法。第三,要认真训练好普选所需要的干部,在调集干部时要保证一定质量,要使所有参加普选工作的干部明白这一工作的意义和重要性,把政策和正确的工作方法向他们讲清楚,以便正确地贯彻执行。

【选自《人民日报》1953 年 5 月 7 日】

彭真关于城市应建立街道办事处和居民委员会的报告①

　　目前各城市的街道组织很不一致。在基层政权方面,除少数城市在公安派出所内设民政干事,领导居民工作外,有的城市在区人民政府之下,成立了街人民政府,并召开过街人民代表会议;有的城市在区人委下,设立了街公所或街道办事处。在城市居民群众组织方面,有些城市成立了大型居民委员会;有些城市成立了小型居民委员会;有些城市仅有居民小组;有些城市在居民小组之上还设有中心小组。此外,各种固定的或临时的工作委员会很多,领导既不统一,工作也很混乱。街道积极分子工作极为繁重,有的甚至因为"积极不起",携家迁居以逃避工作或故意犯错以求撤销职务,也有要求"半日为人民服务,半日为自己服务"的。同时,乱筹款、乱募捐的现象也很严重。此种现象必须系统地加以克服,街道组织及其工作必须加以整顿。

　　我们搜集了各城市的材料和意见加以研究后,认为:

　　第一,街道居民委员会的组织是需要建立的。它的性质是群众自治组织,不是政权组织。它的任务,主要是把工厂、商店和机关、学校以外的街道居民组织起来,在居民自愿原则下,办理有关居民的共同福利事项,宣传政府的政策法令,发动居民响应政府的号召和向基层政权反映居民意见。居民委员会应由居民小组选举产生,在城市基层政权或其派出机关的统一指导下进行工作。但它在组织上并不是"基层政权的腿",不应交付很多事情给它办。

　　第二,城市街道不需要再建立一级政权。因为城市的许多工作都是需要集中统一处理的,不宜分散进行,如街设政府,就很容易政出多门。随着国家工业化和向社会主义的过渡,工人阶级以外的街道居民将日益减少,街政权将更不需要、更不应当建立。

　　但由于我们现在的工业还很不发达,同时还处在向社会主义过渡的新民主主义社会阶段,即使在现代工业较发达的城市中,仍有很多不属工厂、企业、学校、机关的无组织的街道居民,这种人口在有的城市中,甚至多至百分之六

---

　　①　这是彭真向毛泽东并中共中央报告的节录。原文标题为《城市应建立街道办事处和居民委员会》。

十以上。为了把街道居民逐步加以组织并逐渐使之就业或转业,为了减轻现在区政府和公安派出所的负担,在很多城市中,除建立居民委员会外,还需要设立市或区人民政府派出机关,我们的意见是设立街道办事处。

这样,从国家财政上来看,是增加了支出,但在全国城市居民方面,则可减少约 7 倍于此的负担,并消除群众的不满,我们认为是必要的、可行的。

为了系统地解决上述各项问题,我们拟定了《城市居民委员会组织暂行办法》、《城市街道办事处组织暂行办法》,并由内务部党组拟定了《关于解决居民委员会经费问题的办法》,兹一并送上,请作原则审查和批准,以便发出征求各中央局、分局和各大城市负责同志的意见,再加以修改报中央批准后,提政务院通过。

1953 年 6 月 8 日

【选自《彭真文选(1941—1990 年)》,人民出版社,1991 年】

全国各地贯彻选举法，开展普选工作(一)^①

北京基层选举重点试办工作开始

北京市基层选举的重点试办工作于 6 月 9 日正式开始。

试办地点为西单区安福胡同一带的 13 条街道和海淀区蔡公庄乡、东郊区关庄乡等 3 个地区。

参加重点试办工作的干部近 200 人，事前经过了 7 天的集中训练。训练期间，北京市人民政府副市长张友渔、副秘书长柴泽民及各有关部门的负责人，分别作了关于"选举法的基本精神""基层选举重点试验工作的方法、步骤及应注意的问题""人口调查登记""选民资格"等四个报告。经过七天的学习，参加试点的全体干部明确认识了实行普选的意义、方法和步骤，一致表示要把重点试办工作做好，以便创造经验，推动全市的选举工作。学习中并对技术工作的干部，进行了填表与填写选民证的预习。

基层选举的试办计划分三个步骤进行。干部到达工作地点后，第一步进行初步宣传及了解情况的工作，并在郊区试点乡同时成立乡选举委员会。宣传内容着重三点：(一)普选的意义；(二)有选举权和无选举权的界限；(三)应该选什么人当代表。经过初步宣传后，即划分选区建立调查登记站，办理人口调查登记，并吸收群众成立选民资格审查小组，对选民资格进行审查，办理选民登记，填发选民证。第二步由各党派、团体协商酝酿提出候选人名单。这一阶段内，要充分发扬民主，有领导地组织和发动选民，结合开展反对官僚主义、反对命令主义、反对违法乱纪的斗争，认真鉴别并确定代表候选人的正式名单。第三步召开选民大会进行选举。

在试点干部进行工作之前，市选举委员会负责人强调指出：基层选举的重点试办工作必须密切结合生产进行。选举的宣传、人口调查、选民登记、选举

---

① 原文标题为《贯彻选举法，开展普选工作》。

等项工作,要抓紧群众的生产空隙进行,开会要争取在夜间或星期日且时间不宜过长,并严禁任何强迫命令的工作方法。宣传工作则应结合每个步骤的工作自始至终地贯彻进行。

重点试办工作中需用的各种表册、证件,北京市选举委员会均已印就。

北京市基层选举试办工作预计 7 月中旬结束。

上海市普选试办工作正式展开

上海市基层选举的典型试办工作已在充分准备的基础上正式展开。早在 4 月下旬至 5 月初,市选举委员会训练了进行典型试办工作的干部,组成 6 个普选工作队分别派到各区,并在各区抽调一批干部充实了这些工作队。同时,各区还集中了选区内的基层干部、党的报告员、宣传员和群众积极分子进行训练。这样,就使基层选举的典型试办工作有了充足的骨干力量。每个普选工作队的人员在进行学习的同时,还在各选区作了深入的调查研究工作。他们一方面根据过去的户口材料和基层干部的了解,初步掌握了选区内的人口情况和社会情况,做到了心中有数。另外,在调查中,他们还召开各阶层代表的小型座谈会,并采取个别访问的方式,了解群众对普选的认识和思想情况。

到 5 月底止,上述准备工作都已就绪,市选举委员会又分别作了检查,根据检查中发现的一些问题,在试办工作正式展开之前,召开了参加试办工作的全体干部大会,比较具体地说明了工作的大体步骤,布置了各个阶段发动群众与推动运动的主要内容和具体方法。

上海市的基层选举典型试办地区是在商业较为集中的黄浦区、工厂较为集中的普陀区、棚户比较集中的闸北区、一般住户较多的徐汇区各选择 1 个选区,以及市郊的 1 镇、1 乡,试办工作预计 2 个月完成。第一阶段主要是向群众进行宣传动员。从 6 月 1 日起各选区已由报告员分别向群众作了报告,宣传员也开始在工厂的车间、里弄的住户中展开宣传活动。

青岛市选举委员会市北区工作队倾听群众意见改善开会方法

前些日子,青岛市选举委员会市北区工作队到市北区进行普选典型试办工作。工作队刚刚和群众接触,就碰到一个实际问题,群众对开会不感兴趣。有人说:"才把建立居民委员会和贯彻婚姻法的会熬过去,又来了一个普选工作队,这回不用干别的了,光开会吧!"

群众不爱开会是有道理的。过去开会有三个特点:多、拖、长。街道上有一点事,干部就召集群众开会。开会的时间规定晚上 7 点钟开始,可是人到不齐,连干部都不按时到会,所以有人说:"要是 7 点钟开会,你 8 点钟去没错!"开会了,干部山南海北大讲一通,不着边际;道理讲得多,实事讲得少。群众说:"听不听,3 点钟。""听了老半天,不知道说些什么。"总之,群众对过去开会的方法是不满意的,因此也使工作的推行受到影响。

市北区普选典型试办工作队的负责同志认真地研究了群众的意见,认为如果不改善开会方法,将很难做好普选试办工作。于是,工作队一方面召集各界代表性的人物举行座谈会,另一面召开街道干部会,和群众、干部共同研究如何改善会议的开法,同时,对街道干部进行群众观点的教育。大家一致认为应该珍惜群众的时间,采取便利群众的方法开会,做到普选和生产及其他工作、学习都不误。把大家的意见归纳起来,改善开会方法的办法有以下四点:

1.会议时间:每天下午 1 点半到 3 点钟,广大家庭妇女有时间,也不耽误她们做饭,可以开会;晚上 7 点半到 9 点,街道上一般劳动人民有时间,可以召集他们开会;对于工人、店员,除了能够参加街道会议的以外,一般的可在星期天进行补课。

2.不开不必要的会议。工作队在 50 天的普选试办工作中,打算只开 7 次群众会,向群众讲解普选的意义,什么人有选举权和什么人没有选举权等问题;每次均不超过一个半钟头,会后尽量组织群众自愿结合或利用读报时间开一些小会,座谈、讨论。但是,预先必须和群众商量好。

3.在开会以前,不仅通知群众什么时间开会,还要告诉群众开什么会。会议的时间尽量短,最多不超过一个半钟头;工作队人员和街道干部要以身作则,准时到会。

4.讲课时,内容要简明、扼要、通俗,使群众听得懂,记得住。

工作队就这样办了。如对博兴路 12 号两个居民组居民讲课时,预先和他们商量好开会的时间,告诉他们讲课的内容是什么,需要多长的时间。5 月 14日晚上 7 点半,讲课的人到了,群众也按时到了,到会的成年人占群众的 90%以上;讲课的时间不到一个半钟头。群众对这个会表示十分满意。居民苏秀英说:"现在开会和大伙商量真好。也讲得通俗,说得透彻,俺能听清楚,也能记住。"有的群众听了课以后还表示:"往后开会不耽误生产和工作了,咱更得好好地参加选举,选一个自己称心如意的人当代表。"

四川工农乡和双龙乡已完成普选

四川省内江县工农乡和江津县双龙乡的基层选举工作,在省级机关领导的帮助下,经过1个多月的发动群众和酝酿的过程,已在6月1日和2日分别举行,产生了乡人民代表大会的代表,这是西南区最早完成普选的两个乡。

这两个乡投票的选民非常踊跃。内江县工农乡参加投票的选民有2894人,占选民总数的91.6%。该乡11村,投票选民达选民总数的93.6%。妇女在选举中也发挥了积极性,江津双龙乡垭口村、刘家村、新桥村3个村,参加投票的妇女,占妇女选民的85%左右。

这次选举是采取举手表决的方式,这种方式同样能使选民们按照自己的意愿,把办事公正积极的优秀人物选为代表,江津双龙乡49个代表中,许多代表是从领导农民进行土地改革,以后又领导生产,一直为群众拥护的好干部。如代表黎建章,原是武装部队中的特等模范,转到地方以后任乡长,以后又任党支部书记,并在乡人民代表大会第一次会议上当选为乡长。群众说:"这样好的乡长,不选他选谁。"两个乡在进行选举时,充分照顾到各阶层的人民,从选出来的代表中,可以看出代表的广泛性。内江工农乡45个代表中,包括了各阶层的代表人物,其中共产党员14人。江津双龙乡的49个代表中,贫农雇农共32人,中农11人,小商人3人,工人、手工业者及小学教员各1人。妇女在代表中也占了相当比例,两乡的妇女代表都占代表总数的20%以上。这就保证了各阶层人民的意见能充分表达。

在选举工作的过程中,由于选举委员会能充分发动群众,深入调查,因而在登记选民中,没有一个公民被错误地剥夺选举权利,也没有让一个反动分子或未经改变成分的地主阶级分子非法窃取选举权利。在选民名单公布后,两乡共有50个未获得选举权利的人向选举委员会及人民法庭提出申诉,要求重新审查他们的历史,经过深入调查、对证材料后,有10人获得了选举权利。江津双龙乡原先曾错发了15个选民证给未经改变成分的地主阶级分子及反动分子,经群众揭发,选举委员会又根据各种材料对证后,撤回了这些分子的选民证。在候选人提名中,各选民小组进行了充分的酝酿,对乡村干部进行了公开的批评和自我批评,这就大大改善了干部和群众的关系。选民们分别将各小组提出的候选人进行比较,选择了最好的作为候选人。代表选定后,两个乡接着就分别举行第一次乡人民代表大会,选出了政府委员及乡长、副乡长,成立了乡人民政府。

陕西临潼骊山区基层选举试办乡
已完成人口调查和选民登记工作

正在进行基层选举典型试办工作的陕西省临潼县骊山区 7 个乡,已顺利完成了人口调查和选民登记工作。当地人民普遍受到普选的宣传后,都热烈拥护选举法,积极参加普选运动。

在人口调查、选民登记以前,参加各乡试办工作的工作组首先组织 700 多个乡、村级干部、宣传员和群众积极分子,学习了选举法和有关普选的文件,对技术人员还进行了人口调查、选民登记的业务训练,同时采用各选区的户长座谈会以及家庭访问等形式,在群众中广泛展开多样性的普选宣传活动。

这些试办乡在进行人口调查和选民登记时,都采取了各种便利选民的方法进行工作。各选区都设立了选民登记站,并配备了充实的人力。第四乡每个登记站都有 7 个人担任登记的技术工作,工作组干部参加具体指导。他们的工作效率都很高,有一个登记站在 2 个钟头内就调查和登记了 14 户,共 71 人。第九乡的登记站为了便利山区选民登记,还采用了巡回登记和逐户登记的办法,工作进行得又快又细致,又不耽误生产,农民们都很高兴。

通过普选宣传和选民登记等工作,更加提高了人民的政治觉悟,进一步划清了敌我界限。很多人都认真参加了审查选民资格的工作。各选区选民名单公布后,群众纷纷围着细心查看。

现在,各试办乡正密切配合当前压倒一切的夏收任务,在群众中进一步展开宣传,同时进行深入了解情况和酝酿提名候选人名单的工作。

【选自《人民日报》1953 年 6 月 10 日】

全国各地贯彻选举法，开展普选工作(二)①

青岛市市北区普选工作队依靠当地组织力量开展普选工作

　　青岛市选举委员会市北区普选重点试办工作队，在市北区辽宁路和胶州路的 7 个选区进行了人口调查、选民登记并公布了选民名单以后，除留下一部分干部继续进行工作外，大部分干部于 6 月初旬分赴该区其他 36 个选区进行普选试办工作。目前，这 36 个选区的宣传工作已大体结束，即将进入人口调查、选民登记工作阶段。

　　普选工作队在辽宁路和胶州路进行普选试办工作时，曾经忽视运用当地组织的力量。当时，工作队的干部认为："要结合反官僚主义、反命令主义、反违法乱纪的斗争进行普选工作，让街道干部出头露面不合适"，"工作队的干部多，光靠自己的力量就可以了"。因而没有依靠当地组织，产生了"单干"的倾向。当他们分散到其他的 36 个选区进行工作以后，干部力量就十分薄弱了（每 1 个选区只有 1 个指导干部，六七个做技术工作的干部）。虽然工作队指导干部布置工作时，曾提出依靠当地组织发动群众这个问题，但没有交代具体办法，也未能批判干部的错误思想，因此他们还是采用了"单干"的方法，致使整个工作陷于忙乱、被动状态。各选区工作组组长整天忙着给群众讲课，累得满头大汗；一般干部也忙着组织开会，但工作成绩很小。各选区工作组的这种"孤军奋斗"的工作方法，也引起了当地干部的不满。为了改变这种状况，工作队的负责干部在各指导区（按工作队下设 4 个指导区，1 个指导区负责指导 10 个左右选区的工作组工作）工作队长及各选区工作组长的会议上，专门强调了运用当地组织和发挥当地干部力量的问题，同时批判了"街道干部出头露面不合适"的说法；指出结合反官僚主义斗争进行普选工作，只是把个别的坏分子及犯有严重错误而又引起群众公愤的分子从政权机构中清洗出去，对于那些

---

　　①　原文标题为《贯彻选举法，开展普选工作》。

犯有一般性缺点和错误的干部,应当坚持批评教育的方针,帮助他们改正。会上,各指导区队长和各选区组长都检查了自己的思想和工作作风。会后,大部分指导区的队长和选区的组长都向本单位干部进行了传达,全体干部也学习了人民日报社论《创造和推广结合生产进行选举的经验》中关于工作方法的一段。不少的选区召开了当地各组织(包括居民委员会、街道妇女代表会、青联及党、团员)会议,工作组检讨了自己的工作方法,征求了街道干部的意见,并把进行普选工作的意图告诉街道干部,交代了宣传内容和宣传方法。有的选区工作组和街道干部一起制订了工作计划。

工作方法改变之后,普选工作出现了新的局面。第四选区原来工作组干部力量十分薄弱。1个人要掌握三四个居民组,整天忙得要命,宣传工作的效果也很小。但是,现在从居民委员会中挑选了十几名有讲解能力、在群众中有威信的干部,先由工作组传授宣传内容,然后采取"包干"方法,由他们分头掌握一个居民组,通过读报、个别访问、闲谈等方式,向群众进行宣传,收效很大。各选区受到教育的成年人都在90%以上。街道干部发挥了工作积极性,在工作中也创造了良好的工作方法。如第十选区在进行选民登记的准备工作中,居民委员会委员财叙五就和其他街道干部想出利用废纸预填选民登记表的办法。事先通过读报组或居民组,帮助群众预先把自己的姓名、年龄等项填在废纸上,等选民登记站设立后,就可以马上到登记站登记,这样可以保证登记工作迅速进行。

国营天津人民印刷厂结合生产开展普选宣传

国营天津人民印刷厂紧密结合生产开展普选宣传,全厂已有50多个小组提出了各种条件,保证以实际行动迎接普选。

人民印刷厂开始普选宣传时,全厂正发动红旗课题竞赛。工厂领导方面首先召开了车间一级扩大干部会议,提出了"迎接普选,深入展开红旗课题竞赛,为完成或超额完成1953年生产任务而奋斗"的动员口号。各车间都开会作了具体研究,有的车间还召开了工会小组长会议,广泛讨论了普选结合生产的问题。

在普选宣传开始前,干部们深入到车间去,利用工人下班后或其他空隙时间,动员党的宣传员以及工会的各种宣传力量,采用报告、大字报、广播站、问答、快报、太平歌词等方式,展开广泛宣传。在宣传中,一般都注意不影响生产和工人的休息。胶印车间的宣传员利用工人下班后的空隙时间，进行简短、通俗的宣传。有的宣传员在下班的路上，用闲谈方式向工人宣传。有的宣传员把普选内容编成快板、太平歌词，在休息时间向工人演唱。装订车间裁切工段贾恩练小组，还请老年工人述说解放前工人毫无民主权利的事实，说明民主权利的可贵，对大家教育很大。

经过宣传后，职工们纷纷提出要以实际行动来迎接普选。各个生产小组都针对本组生产中的关键问题或薄弱环节，提出保证条件。如装订车间裁切工段贾恩练小组，过去返工现象严重，出勤率低。经过小组讨论，青年工人穆瑞林保证消灭错误，并向自己家属和邻居宣传普选；老年工人穆文彬保证把自己的技术教给青年工人；全组工人保证出勤率达到 98％ 以上。工务车间那普涌小组过去五个月没完成任务，他们就找出没完成任务的主要原因，提出完成计划迎接普选的保证。有些小组产品质量不好，在保证条件中就着重提出保证提高产品质量。

目前该厂许多小组已掀起迎接普选的热潮，有些小组已实现了保证条件。贾恩练小组已超额完成了行政指标，出勤率达到 100％。胶印车间张金荣小组经过全组工人研究，调整了劳动组织，改进了作业方法，终于提前 2 天完成生产任务。

沈阳化工厂结合生产试办普选

沈阳市普选工作队在沈阳化工厂进行普选典型试办工作中，发挥了工人们生产积极性，提高了劳动生产率。

沈阳市选举委员会派出的普选工作队从 6 月 7 日起在沈阳化工厂开始试办普选工作，他们大都是熟悉工业生产和工人情况的干部。其中的队长和组长都是从沈阳市总工会等单位抽调去的。这批力量和经过普选学习的工厂原有干部在工作中配合得很好，他们分别深入到车间，了解生产中存在的问题，并对工人的思想状况作了调查研究。然后，根据工厂中的实际情况进行工作。到该厂五一四车间去的工作人员，找出了该车间以往连续 5 个月未完成生产计划的原因是劳动保护工作不好和少数工人劳动纪律松弛；同时也发现了有的工人对普选的意义还认识不清楚。工作组便一方面建议工厂行政上初步改善劳动条件，一方面用几年来工人生活变化和工业生产发展的实例，宣传了人民民主政权的优越性，启发工人进一步树立国家主人翁的责任感。这样，工人生产积极性普遍提高,在不到一周的时间中,全车间的日产量就提高了 30%以上。截至 6 月 20 日,这个车间已完成全月生产计划的 67.5%。

全厂工人在"以实际行动迎接普选"的口号下,热烈展开劳动竞赛。许多车间、小组的劳动生产率都有上升。由于在尽量便利生产的原则下试办普选,因此普选试办工作也进展得很顺利,到 6 月 22 日止,已完成了厂内常住人口调查和选民登记等工作。

中南少数民族地区进行普选准备工作

中南区少数民族地区正在进行普选的准备工作,有些地区已经开始基层选举的重点试办。湖南省湘西苗族自治区人民政府,和广东省海南黎族苗族自治区所辖 5 个县,都已先后成立了选举委员会。湘西苗族自治区凤凰、永绥等 4 个苗族人民聚居县的选举委员会主席,都是苗族人民的优秀子弟。自治区人民政府已抽调干部,计划在全区苗、汉族聚居和杂居等不同地区,作重点试办。广西省初步确定少数民族地区的重点试验县有大苗山苗族自治区、大瑶山瑶族自治区和平乐县所属的某些乡,工作队已分别到达各县开始工作。

进行工作较早的海南黎族苗族自治区,在三四月间即训练了基层干部200 多人,并在乐东县的保定、三平两乡进行基层选举试办工作。中共中央华南分局统一战线工作部和广东省人民政府民族事务委员会,还派出一个工作队到自治区协助工作。

富阳长山乡汤家埠举行选举大会

浙江省富阳县长山乡汤家埠选区的选民,举行了选举大会。

6 月 23 日,当富春江上的朝雾还没消失、东方初出红霞的时候,汤家埠选区的男女选民就向会场集中了。4 里路以外南山村的 21 个男女选民最先赶到会场。有些老年选民也都拄着手杖赶来。全选区除了少数外出未归的选民以外,有 94%的选民到会投了票。农民闻昌生的母亲说:"毛主席领导人民当家作主,我一定要选出最好的代表来为我们办事。"选民们以主人翁的态度选出了他们最拥护的 6 个代表。19 岁的青年团员骆关兴,工作积极、大公无私、立场坚定,到会的全体选民都投票选了他。

【选自《人民日报》1953 年 7 月 2 日】

牡丹江市关于改居民代表为居民组长的通知①

前各区于 5 月中建立居民委员会,召开居民代表会议,每个居民组选举 1 至 3 名居民代表。根据建立居民委员会后之工作情况看来,"居民代表"的名称已不合适,因为区要召开人民代表大会选举人民代表,群众感到代表名称多,甚至有时混不清。为便利群众联系事务及尊重群众习惯及利于普选工作之进行,改居民代表为居民组长,在改变名称中的几个具体问题规定如下:

一、被选为居民委员会委员的居民代表,不担任居民组长工作,参加居民代表会议,群众称之为居民委员。

二、每组除了居民委员会委员外之 1 至 2 名居民代表应由居民委员会根据群众意见确定为正副组长。召开居民代表会议时为居民代表(不对外)。

三、在改变名称过程中,应充分向群众说明为什么要改变名称及其好处,在群众认识之后,召开居民会议宣布改变,每组现仅 1 名居民代表者不得增设。此一工作应在结合与有利于普选工作进行的基础上,于 7 月 14 日前完成。

特此通知!

牡丹江市长　郑钧

1953 年 7 月 7 日

【牡丹江市民政局提供】

---

① 原文标题为《通知 改居民代表为居民组长》。

杭州市居民区调查报告(草稿)

一、一般情况

杭州市全市共 10 个区,50 个派出所,511 个居民区,29 个乡,158 个村。共有人口 553448 人(不包括公共户口),居民大致可分为三种情况:第一类是有生产、行政或学习组织,虽在居民区里有居住在一起的共同生活关系,但不参加或极少参加居民活动的,这一类包括工人、职员、农民、军警、文教人员、学生、工商业者、船民,约占 40.38%。第二类是无组织或组织不严密,能经常参加居民活动者,这一类包括自由职业者、流动商、金融事业者、小商贩、富农、宗教迷信职业、独立劳动者、失业无业人员、家庭妇女、地主(包括逃亡地主、房产主等),占 32%。第三类是老弱残疾幼童,不可能参加居民活动的,占 27.62%。故居民工作的主要对象是第二类,其次是第三类,在第二类中妇女又占了 62%,故居民工作又首先要搞好妇女工作。

由于居民区所在地区的经济情况不同,各居民区的居民组成成分亦有所不同,大致是职工、城市贫民以及住家户集中的居民区,第二类居民所占比例较大,以白莲花寺、元帅庙、保俶路居民区为例,第二类居民均占了 30% 以上,接近全市平均数,商业集中的居民区则第二类居民所占比例较小,以解放路居民区为例,第二类居民只占 21.7%。因为后者有许多商业户在当地只有一个店面,资本家与职工均不住在当地,户数虽多,人口却少。加以居民经济情况较为富裕,对政府在生活福利上的要求亦少。故以地区来看,居民工作的重点应是职工和城市贫民以及住家户集中的地区。

二、解放以来居民工作的发展情况及其特点

杭州市解放后为彻底摧毁国民党反动政权伪法统的基础,1949 年 11 月市府会作明确指示,废除反动保甲制度,建立居民委员会(由公安局通过冬防工作清查户口,发动群众贯彻),全市撤销了伪保甲长 7639 人,建立了 571 个居民委员会,3802 个居民小组,均由公安派出所领导,民警为居民委员会的当然委员,并规定了居民委员会的五条任务,对维护地方治安巩固革命秩序起了

很大作用,当时的具体工作,只是带路、当翻译、协助派出所冬防户口清查、反映情况、检举黑人黑户、监视坏分子、夜间巡逻维护治安以及参加年关大扫除、开办夜校和子弟学校、配合推销折实公债、发动劳军及慰问烈军属等。但由于民警质量不高,成分不纯,居民干部既新又弱,且由于当时未经过历次政治运动锻炼,故居民区中混入了很多坏分子,因而工作中普遍地采取强迫摊派的办法,甚至包庇反革命,不能起到政府联系群众贯彻政策法令的桥梁作用。经过抗美援朝、镇压反革命、"三反""五反"、司法改革、整顿旧警察作风,以及今年的贯彻《婚姻法》等一系列的政治运动以后,锻炼了居民区,居民的政治觉悟普遍提高,民警、居民干部得到整顿和改造,居民区的组织任务日益完备,工作方法亦有了很大进步。

开始建立居民委员会时,居民区没有经常工作,也没有学习制度,上面交代任务,大部以摊派方式完成。如 1949 年年底认购公债和劝募寒衣,派出所布置任务后,居民委员就分配好数字,挨户去收,没有经过充分的宣传动员,居民干部反映工作难干。自镇压反革命后,开始建立学习制度,居民干部开始掌握群众路线的工作方法。目前居民区的一般工作规律是:首先干部学习,其次是干部带领群众学习,然后干部带头,组织群众贯彻任务。

经过历次政治运动,居民干部的成分亦逐渐纯洁,在镇压反革命运动中,经过发动群众,检举揭发暴露出居民干部成分不纯的有 1622 人,占总人数9462 人的 17%,在运动结束时进行了改选和撤换。"五反"运动后,资产阶级在居民群众中威信减低,资产阶级分子有的消极自动不干,有的被改选掉。如解放路居民区的居民委员,初建立时有老板 3 人,老板娘 1 人,小商贩 1 人,店长职工 1 人,摊贩 1 人,自由职业 1 人,老板与老板娘比例为 43%;"五反"运动以后,居委会成分改为老板 2 人,店员职工 3 人,家庭妇女 1 人,摊贩 1 人,老板与老板娘比例缩小为 30%,店员工人从第一次占 14.3% 增加到占 47%①。保俶路居民区初建立时,7 个委员中资产阶级分子 3 人(其中 2 个是汉奸),贫农 1 人(经过后来检查是兵痞流氓),伪职员家属 1 人,职工家属 1 人,教职员家属 1 人;镇反后 7 个居民委员中教职员家属 3 人,失业 2 人,贫农 1 人(经过后来检查是兵痞流氓),不明 1 人(因选出后不几天就迁移);目前的小组长以上干部共 10 人,其中教职员家属 2 人,独立劳动者 1 人,反革命分子家属 1

---

①　比例数据可能有误,原文如此。——编者注

人,农民女儿1人,城市贫民3人,学生1人。从这两个居民区的具体情况看,劳动人民的领导成分已逐渐增加,但尚有部分居民区的组织仍不够纯洁,以武林路派出所杭江居民区为例,该居民区共有5个干部,其中独立劳动者(二流子,曾参加过青帮)1人,摊贩(曾当过汉奸,兄弟是日特)1人,家庭妇女2人(其中1人系青年党党员),铁路工人家属1人。一半以上是有政治历史问题的。

三、目前居民区存在的主要问题及解决意见

(一)居民区的组织任务问题

一般居民区目前有20种组织12个头,20种组织为居民委员会、优抚小组、治保小组、爱国卫生运动委员会、基层妇女代表会、司法调解小组、爱国储蓄小组、劳动就业小组、护税小组、抄电表小组、公共自来水管理人员、中苏友协小组、读报小组、黑板报编辑组、民校、幼儿班、腰鼓队、军乐队、幻灯放映队、剧团(以派出所范围组织);12个头为派出所、市爱国卫生运动委员会区分会、区妇联派出所辖区分会、巡回法庭、人民银行、失业工人救济处、税务分局、电厂、自来水厂、中苏友协、文化馆、区府。各种组织的任务及领导头绪如下:

居民委员会归派出所与区府双重领导,设正副主任、宣教委员(负责居民学习、黑板报、推销电影票、书刊等)、卫生委员(工作与居民区爱国卫生运动委员会相同)、消防委员(主要检查居民住宅电线、厨房等)、生产委员(一般居民区此委员不起作用,有的管理一下经费)、妇女委员(工作与基层妇女代表会相同)、治安委员(工作与治保小组相同)各一人。

优救小组归派出所领导,主要任务是调查了解与救济困难户以及拥军优属工作(如春节发动居民为烈军属洗衣、打扫,慰问烈军属等)。

治保小组归派出所领导,主要任务是了解居民区治安情况,并向派出所汇报;管制反革命分子并听取汇报;夜间巡逻。

居民区爱国卫生运动委员会归市爱国卫生运动委员会区分会派出所支会领导,主要任务是发动督促居民打扫街道、住宅,扑灭五毒,检查住宅卫生,护河,井水消毒,动员组织居民种痘打防疫针等。

居民区基层妇女代表会归区民主妇联派出所辖区分会领导,设有福利、服务、组织、宣教等委员,负责组织妇女开会,收听广播,发动妇女看电影,组织督促妇婴检查体格,检查体格,妇孕婴儿出生死亡统计,了解反映妇女困难情况,

调解婚姻纠纷等工作。

司法调解小组归巡回法庭领导,主要任务是调解居民间日常纠纷,协助巡回法庭调查民事案件(有的并进行调解),参加巡回法庭的集体调解。

爱国储蓄小组归人民银行领导,每月一次代银行收款贴花①。

劳动就业小组归失业工人救济处领导,主要任务是组织劳动就业人员的学习,汇报已登记失业求职人员思想情况。

护税小组归税务分局领导,主要负责集体缴纳房地产税,代发缴款单,收税款,有的还协助催缴工商业税,协助调查本居民区工商黑户,行商摊贩等。

抄电表小组由电厂领导,每月一次抄录本居民区各户用电度数。

公共自来水管理人员由自来水厂领导,管理本居民区公共自来水龙头,代为出售,收水款。

中苏友协小组由中苏友协领导,平时主要是收会费。

民校、幼儿班、剧团、腰鼓队、军乐队、幻灯放映队由文化馆领导,总的组成一个俱乐部。

黑板报编辑组、读报小组由区宣传科领导。

就其所担负的任务来看大致可概括成这几类:

1. 管理居民日常生活福利事业,如调解纠纷、社会互济、优抚、卫生、妇婴保健、证明贫病医疗与减免学费等。

2. 对居民进行政治、文化教育,以提高居民政治觉悟的工作,包括贯彻政治运动与各项政策法令(如抗美援朝、镇压反革命、取缔反动道会门、爱国卫生运动、禁烟禁毒宣传、贯彻婚姻法等)以及组织居民的政治学习与文化学习。

3. 协助派出所管理当地治安,如管制、巡逻等。

4. 协助其他各方面进行工作,如协助电影院推销电影票;协助税务局催缴房地产税、工商业税及调查行商摊贩情况;协助银行动员居民储蓄、代收款贴花(目前已不管);协助书店推销书报图片;协助保险公司宣传简易火险并代发表收款;协助商业厅商业局百货公司等单位组织居民座谈居民需要及对店员意见;协助中盐公司百货公司等推销食盐食糖;协助铁路局过节放假集体订火车票等工作。

从以上情况来看,居民委员会主要应是解决居民之间公共生活利益及组

①　贴花:一种零存整取储蓄的凭证。——编者注

织城市半数以上人口过政治生活。过去由于我们对居民区缺乏强有力的统一管理，许多业务单位为了业务上的便利，都直接向居民区布置任务，这样就造成居民区工作上的多头混乱，故居民区工作应以一、二、三类为主。随着各项社会改革运动的完成，经常性的政治学习与文化学习更将提到居民工作的重要地位，作为提高居民觉悟、保证国家建设与推动居民工作的重要动力。

目前居民区存在的另一个问题是组织重复，居民区的各项组织都是随着历次政治运动以及城市工作的发展而建立的，但由于未注意将新建立的组织统一于原有的组织，造成重复。如卫生委员与爱国卫生运动委员会，基层妇女代表会与整个居民委员会工作（因为居委会工作对象主要是妇女），治保委员与治保小组等均重复。

上述两个问题的存在造成居民区头绪多、组织多、任务多、干部兼职多的现象。如保俶路居民区代理主任裘天芳身兼十职，整天忙于事务，经常中午饭到下午2点钟才吃，有时三顿饭并成两顿吃；白莲花寺居民委员干部一般也都身兼五六职。居民委员会上面没有系统领导，目前全部是派出所领导的，但派出所本身任务很多，据上城区行宫前派出所调查，直接向他们布置任务的单位很多，所长身兼二十职，整天忙于事务，根本无法来领导居民区，因此对居民区的领导实际上只通过民警来实现，而民警的职责本来仅限于管理户口及治安保卫等工作，无论就其水平、能力还是责任来说，没有条件作为一种机关代表去领导人民。居民反映派出所对治安保卫工作的布置是具体的，但对居民区一般日常工作的布置很一般化，不解决问题。有的甚至是用强迫命令的办法来完成任务的。另一方面由民警领导客观上看来似违背人民民主国家的制度。再一方面派出所兼管了居民委员会就削弱了本身业务，据上城区行宫前派出所调查的情况来看，他们对自己辖区特种人口管制的反革命分子情况一点都没有掌握。平时调查研究工作亦相对减少，反革命分子材料搜集不起来，该所在镇反"中潮"与"低潮"中整理的材料，是依靠镇反"高潮"时的残余材料加以调查研究发现凑起来的，因此他们对自己辖区情况摸不到底，目前对于结束"镇反"向上级打"包票"直摇头表示没有信心。此类情况是不少的。

综合上述情况，居民区的组织领导问题可以肯定下列几点：

1.无论从哪方面来看，派出所领导居民区是不恰当的，今后必须移交区府来管，但如区府直接来领导这么多的居民区实际上也是有困难的，因此区下边应设立派出机构——街道办事处——来实现对居委会的领导。街道办事处的任务、组织、编制等问题，我们根据调查情况及天津市建立街公所暂行办法提出如下意见：

街道办事处是区府的派出机构，不是一级政权，因此它的任务主要是协助区府领导居委会工作，除了户籍、治安、保卫等工作仍归派出所管外，其余全部交由街道办事处管理，具体有这样几项任务：

（1）组织领导居委会进行政治文化学习、卫生、调解、救济、优抚以及其他临时协助各方面工作，如协助调查失业工人、少数民族、学生家庭经济情况等工作。

（2）推动执行上级政府政策法令及有关居民区的工作决议，贯彻政治运动。

（3）向区府反映街道人民的意见。

办事处的区域范围一般可与派出所一致，便于互相配合进行工作，在居民工作方面，派出所得受街道办事处领导（派出所本身业务仍由公安系统领导）。

街道办事处的机构根据工作需要可设主任 1 人，干事 4～5 人，其中文书兼统计的 1 人，掌管居民政治文化学习的 1 人，调解、救济、优抚属于一般民政事务的 1 至 2 人，卫生及其他 1 人，公务员 1 人。

2.居民委员会的组织可以精简，今后可设立正副主任 2 人，1 人由基层妇女代表会主任兼任，便于统一领导妇女工作，下面可分设治安保卫、社会福利、消防卫生、调解、宣教等 5 个委员（必要时可扩大为 5 个小组），治安保卫委员（小组）可受派出所双重领导，消防卫生委员（小组）可受爱国卫生运动委员会双重领导。为进行工作便，按自然形势将整个居民区划分几个行政小组（一般可 20～30 户划分一小组），每小组推选代表 1 人，组成居民区代表会，作为居委会议事机构。

3.居民区的优抚、治保、卫生、读报、黑板报等均应统一于居委会；储蓄、护税、劳动就业等应取消；抄电表、自来水管理及中苏友协可考虑保留；基层妇女代表会及俱乐部均应保留，单独建立。

（二）学习问题

过去居民区大致有这几种学习：

一种是配合政治运动学习，例如镇压反革命运动、爱国卫生运动、贯彻婚姻法运动等。

一种是时事形势学习，主要是读报以及纪念日宣传教育。

一种是文化学习（大部分居民每星期一、三、五上民校学习文化）。

　　其他还有配合各方面业务进行的学习及其他临时性训练班等,如保险、银行储蓄、税收知识学习及红十字会训练班(训练卫生骨干)等。

　　以上几种学习以配合运动的学习搞得最好,收效也最大,因为这些学习领导抓得紧,布置也具体,通过学习的确有实际效果。文化学习的民校一般也较经常。除此以外,其他学习都较乱,区委没有管,派出所管不了,就由居民干部自己搞,但居民中真正素养较高,能担负领导学习任务的都有职业,留在居民区的一般是文化水平很低的家庭妇女及其他劳动人民,没有能力领导学习,少数政治历史上很复杂的伪方人员,虽有些文化,但不能依靠他们领导学习。因此居民学习就出现了两种现象:一种是放任自流、无人过问,如佑圣观路居民区的一般居民根本没有政治学习;另一种则是强迫命令,如白莲花寺居民区宣教委员严来法学习小组内规定不准咳嗽、不准携带小孩,群众反映"学习比坐牢还难受",背后称严为"阎王"。也有的学习时间派人守门,只准进不准出。

　　在学习内容方面既不系统又无中心,时事形势学习就读报,报上有什么读什么;配合各方面业务学习则更无系统,临时来什么就学什么,因此实际收效不大(这一类学习随着居民工作的整理应日渐减少)。

　　过去的情况说明如下几个问题:

　　1.学习是搞好居民工作的基本关键,不通过学习就无法将政府的政策法令及各种运动在城市人口二分之一以上的居民中得以贯彻。因此今后要搞好居民区工作首先必须从搞好学习、提高居民觉悟着手。

　　2.要搞好学习必须有坚强的领导,居民区在政治运动中学习之所以能搞好,主要是有领导、有外力帮助,因此今后必须加强学习领导,由市委、区委宣传部门统一宣传内容,学习的具体组织工作由街道办事处派专人负责。

　　3.学习内容可作如下安排:①通过形势学习开阔居民眼界,了解国内外大事及祖国建设情况,使之对祖国光明远景具有认识与信心,可以每月安排1次。②文化学习可由每周3次减为2次,因居民区还有其他工作,3次太多了。③对居民的主要组成部分家庭妇女组织专门学习,对其进行如何管好家庭、教育好儿女的教育,并使其充分认识这些工作对配合社会上其他工作(如生产、学校教育)的重要意义。可由妇联负责每月安排1次。④纪念日宣传教育,不定期。

　　学习方法应该多采取上课的方式,由区委宣传科负责组织区级机关宣传员(因其工作对象即居民,可以结合)向居民做报告,纪念日可在全市组织有宣传能力的干部去做报告。文化学习可仍由民校搞。

（三）居民区的服务对象以及依靠谁建立居民区的问题

目前某些居民区服务对象不明确,工作上存在混乱现象。商业区长期在资产阶级控制下,目前很多实际工作还是小老板掌握,他们有兴趣的是刻签名章、出通告、请酒、演戏、办腰鼓队、军乐队,对真正的居民福利不关心,工作应付。解放路居民区在爱国卫生运动中上面要统计数字,即以报过的数字重复汇报或走马看花地跑一趟以主观估计数字报上去,称之为"科学方法",工作极浮飘。机关区机关和居民没有关系,居民区亦管不了机关,但有的机关要求居民区协助进行机关保卫工作。工厂与工人家属比较集中的区域基本上是两种情况,以元帅庙的情况来看,一种是生产集中的大型企业职工家属,工厂有集中的宿舍,有家属委员会家属小组组织,一般的生活福利均由工厂解决,政治运动由工会领导,如电厂的明安村,目前又归居民区管,因此有时领导重复,有时则两不管,家属反映"平时不管,有运动两面抓"。一种是分散的小企业职工家属,企业本身无法管,一切活动仍要参加居民区,亦有一种介乎两者之间的,企业是集中的,但职工家属居住分散,虽在一个居民区,但无集中宿舍,如铁路装卸工人亦有家属组织,目前亦是双重领导,生活福利工会可解决,并组织过满载超轴①、报名支前、民主改革等学习,但家属尚不满足,要求参加居民区经常的政治学习。半城半郊区主要是居民区解决不了农民的农业生产问题,农民都找附近乡政府解决问题,在郊区比例少的地区农妇尚参加居民活动,在郊区比例多的则农妇愿参加农会活动,农民反映"我们早出晚归,参加居民区妨碍生产",要求成立乡。

根据这个情况,居民区的组织对象应主要是一般居民(即前述第二类、第三类居民,特别是第二类居民),工商业比较集中的区域,资本家应归同业公会,工人应归工会,只是在一些共同的生活利益上,如卫生、消防等归居民区,工作重点仍应是一般居民、机关区机关的一些活动按系统布置较好,居民区只须在卫生、消防等工作上加以监督,在机关保卫工作上给予协助(如了解机关周围情况等),如有的地区机关很集中,居民很少,应组织在附近居民区内。工厂与工人家属集中区域,大企业有集中宿舍的应单独建立家属委员会,在日常工作、学习与政治运动上主要归工会领导,只是民主建政由区街领导,分散小

---

① 满载超轴:即满载超轴五百公里运动,指 20 世纪 50 年代初期,在中国铁路内部以倡导车辆满载、机车多拉、快跑,提高铁路运输能力的一项群众性运动。——编者注

企业职工家属与一般居民一样组织居民区；大企业无集中宿舍者可建立家属委员会，由工会领导，但日常的琐碎事务与政治学习，因与居民区夹杂居住，以参加居民区比较方便。半城半郊区农民应单独编农会小组，成立农会，在农业生产上归区直接领导（区要设专职干部），在一些共同的生活利益上由居民区与农会协商解决。

因此，居委会的组成主要应依靠家庭妇女、独立劳动者、小商贩、失业无业人员及个别有条件参加居民区活动的自由职业者，尤其应以家庭妇女为主，因家庭妇女占居民人口的最大多数。商业繁盛地区可适当吸收老板参加，以便在一些共同的工作上给予推动。

（四）划区问题

杭州市 511 个居民区，平均每一个居民区约在 108 户 304 人至 391 户 1688 人之间，工商业区较集中，如中城区许多居民区都在 2000 人左右，郊区较分散，有个别居民区仅有 86 户 393 人。西湖区地广人稀，如外西湖居民区仅 100 户 369 人，大部分为教职员家属，居民很少，真正参加居民活动的最多时仅 69 人。此外尚有 3 个工人公共宿舍区亦仅有二三十户一二百人，伸缩性较大。

根据调查的几个居民区划区情况看，一般都是按照居民居住地形与生活习惯划分，但也有勉强现象，如下城区白莲花寺居民区在地形上有较好几个曲折不相连贯，领导不方便；西湖区保俶路居民区一、二两组地形相连，居民均系铁路职员家属，生活较富裕，三、四、五、六组主要是苦力与打石子工人，一天不劳动一天没有吃的，合在一个居民区产生很多不协调，如在卫生运动中居民区要挖河，三、四、五、六组的居民都能亲自下河，一、二组居民只能雇人，或顶多穿了皮鞋在浅水处挖一挖，因此互相看不起，三、四、五、六组居民说一、二组居民不爱劳动，觉悟不高，一、二组居民认为自己出钱亦是自觉的，不能说觉悟不高，在平时居民活动时间上亦不能取得一致，三、四、五、六组居民白天要劳动，只能晚上活动，但一、二组居民晚上丈夫、孩子回来了，没有时间，要求白天活动，这两个阶层合在一起在生活利益上就很难一致，时常发生矛盾。故在某些居民区的划分可进行适当的调整，划区的原则应该是：①以自然居住形式为主，最好是"直条"或"方块"的形式。②适当照顾居民区的阶层关系和生活习惯。如保俶路居民区可将一、二两组与北山路大佛寺内铁路家属合并在一起就比较恰当（地区相连）。福利可以通过铁路工会解决，容易统一。这样照顾了地区同时亦照顾了阶层。③居民区户数人口大小可以在100余户400余人至500余户2000人之间,小组可以由10户至30户组成。④有农民或职工家属掺杂居住的地区统一组织居民委员会,但因农民有农会或小组,职工家属有家属委员会或小组,农民在生产与学习上参加农会活动,职工家属亦参加家属委员会活动,故仅在消防、治安、公共卫生方面统一由居民区领导,但仍须与农会、工会很好地联系。⑤职工集体居住宿舍在40户以上的可单独划分,但特殊情况亦可例外。

(五)经费问题

居民区使用的总共有两种经费:一种是居民委员会办公费,每月由政府发给15000万元(1953年4月份开始停止补助),不够由干部掏腰包及群众认捐;另一种是俱乐部经费,主要来源是向群众募捐、按组分摊、场地出租收入、每月捐款存入银行的利润以及劳动生产收入等。

在筹募经费方面一般采用硬性规定,定额定期认捐或强迫募捐,如湖滨路居民区预先找准对象,要其认捐,第一个月认捐多少,以后每月按数拿出,多者每月竟达10个单位,一般工商户均抱无可奈何的态度,并非出于自愿。有些完全强迫募捐,例如白莲花寺居民陶宗林得了副头奖,居民干部即将他找来他开"金口",陶拿出60万元还不同意,一定要他拿出100万元,结果陶拿出了,但群众反映很坏。

过去在这些经费的开支上名目繁多,浪费很大,办公费的开支除了办公用品(包括笔、墨水、会议记录簿、检查卫生簿、汇报纸、签名簿等)及水电费两项外,有的居民区还有置办衔牌①、四仙桌、长凳、算盘、热水瓶、茶杯、大红绸旗、大号国旗、开会茶点、拍照、送锦旗等项支出。我们认为除了办公用品及水电两项可以在节约的原则下使用外其他一律不应该使用,是属于铺张浪费。俱乐部经费的开支方面浪费现象更严重,以湖滨路居民区情况来看,有俱乐部房租费、装修费(房屋、桌凳、乐器)、管理人员薪金、水电费、邮电费、演戏时的化妆品、布景、纸张、茶水、茶点等费,宣教费(黑板报、标语、画报、报纸、文具纸张),购置篮排球、乒乓球费,球队队员洗澡费、药品费、茶水费、开会招待费(香烟、茶、茶点、鲜花),冬天燃料费、车费,居民业余学校经费等项开支。有的开

① 衔牌:官衔牌。木质朱漆、金字。平时插在门口,出行以及举行婚丧礼仪时,拿着前导,以示荣耀。——编者注

支数目巨大,该居民区俱乐部室内装满日光灯和电灯,每月光电费即达 30 万元,报纸订了 5 份(人民、当代、解放、浙江、新闻,现已减缩为人民、当代 2 份),燃料费每月用煤球三四担,达 10 万元,该区 1952 年 12 月份 1 个月总共开支了 1745850 元。我们认为这些是严重的消费现象。居民俱乐部除了正当的房租、桌椅、房屋乐器等的修理费,演戏所必需的化妆品布置等费(仅指过节或配合运动所搞的群众文化娱乐活动),水电费(演戏及主要会议),宣教费(包括黑板报稿纸、粉笔、标语、画报)外,其他均属不应开支,例如俱乐部管理人员仅仅保管一些东西,打扫打扫,买买东西,根本没有脱产却付给薪金,球队队员除了球等设备外,每月发给洗澡、药水、茶水等费 50000 元,为了几个俱乐部干部冬天大烧煤球,浪费极为严重。

经费管理方面也存在很多问题,普遍存在账目混乱、现款不存入银行、账目不及时公布等现象。湖滨路居民区将居委会办公费、俱乐部经费与民校经费三者混在一起,很多账目是否入账也无法查考。白莲花寺居民区 2 年来只公布过一次账目,但 1951 年节余款及 1952 年居民得奖捐献之 150 万元均未入账。

根据以上情况,我们对今后居民区经费的收支管理等问题提出如下意见:

1. 经费的来源方面:居委会经常办公费仍由政府发给,每月可根据各居民区不同情况发给 15000 元至 30000 元。俱乐部经费根据实际需要可在居民自愿原则下捐募,最好每半年一次,钱数由 1000 到 5000 元(自愿多出亦可),以减轻居民负担。

2. 经费的开支方面:居委会办公费以开支办公用品(笔、墨水及其他必要的纸张薄纸等)及水电费(主要会议)两项为限。俱乐部经费以开支正当的房租费、桌椅房屋乐器修理费、水电费、演戏所必需的化妆品、布景等费及宣教费(仅包括黑板报稿纸、粉笔、标语等,报纸一般工商区域等均自己订阅,俱乐部不必重订,郊区亦有文化馆,个别偏僻地区可订 1 份)为限(民校经费单独分开,由学员负担)。其他群众迫切需要办之公众福利事业(如购买痰盂、垃圾箱等)经街道办事处批准可开支(如俱乐部经费不足亦可单独筹募,但须经批准)。

3. 经费的管理方面:区委会办公费由街道办事处统一掌握,宣教委员管理,每月向群众公布账目 1 次。俱乐部经费由俱乐部指定专人负责管理,使用在 5 万元以下者由俱乐部主任批准,5 万元及以上均应由主要委员讨论决定,每半年公布账目 1 次。

1953 年 8 月 13 日

全国各地贯彻选举法，开展普选工作（三）①

天津市各厂工人创造优异的生产成绩来迎接普选

天津市各工厂工人在迎接普选的热潮中，以国家主人翁的劳动态度，创造了优异的生产成绩。

国营天津钢厂、华北骨胶厂、天津车辆工厂、私营恒源纺织厂等许多工厂的工人都展开了迎接普选的生产竞赛运动。国营天津车辆工厂杨鑫儒小组的28个工人中有十几个人都曾经看见过国民党选举伪国大代表的丑剧。这次他们学习了选举法及有关文件，先后展开了三四次讨论。他们以亲身体验，深刻地认识到人民民主的可贵，每个人都提出了要以争取超额完成生产计划作为迎接普选的献礼。青年女镟床工田敏，最近刚由学徒升为三级镟床工，她积极地向别人学习技术，顽强地钻研业务，结果产量提高了 1 倍左右，废品也减少了将近一半。全组提前 7 天完成了 7 月份的生产竞赛计划。国营天津机具修造厂木工车间的工人，在迎接普选口号下，创造了"大窗划线机""小窗划线机""钉子压线法"，使工作效率平均提高了 3 倍。该车间原定 7 月份完成某项工程的 65％，结果在 7 月 17 日就全部完成了任务。

曾经在生产上有过突出贡献的各工厂著名的劳动模范们，积极地参加了普选运动。市级特等劳动模范张淑云和孟淑媛，都成了宣传普选的积极分子。全国劳动模范王德山、市特等劳动模范王福元等人并担任了区级选举委员会的委员。国营天津机具修造厂铁工部领工、市一级劳动模范程云汉，在普选开始后，就向铁工部工人宣传普选，并帮助工人迟希尧改进了工作方法，使原定 3 个月才能完成的工作只用了 27 天就完成了。

---

① 原文标题为《贯彻选举法，开展普选工作》。

归绥市回民自治区妇女积极参加政权工作

归绥市回民自治区的回族妇女群众,积极参加政权工作,深得各族人民的拥护。据今年7月底统计,已有193人被选为闾、组长,有19人被选为区代表和居民委员会主任,占全区闾、组干部总数的63%。

回民女干部对工作认真负责和关心群众生活,是获得群众拥护的主要原因。如该区新民街过去是归绥市最肮脏的地方,但自回族妇女佟玉珍当选闾长、马秀当选居民委员会卫生委员后,便积极领导居民清扫街道垃圾,并把星期五订为爱国卫生日,定期检查;现该街每日集体清理环境卫生已成为习惯,因而获得归绥市卫生模范街的称号。又如该区宽巷子街街道妇联主任马玉清,除积极推行各种工作外,还组织了5个妇女生产小组。她自己到工厂、机关或建筑工地去接衣服、被褥拆洗,并主动团结组员交流经验。和她同院居住的杜巧云(汉民)不会缝制服,马玉清就用带徒弟的方式耐心教会了她。

江苏省和南京市①各界人士组织普选参观团到农村参观

江苏省和南京市的各界人士在6月和8月先后两次组织了普选参观团,深入农村参观基层选举。他们在参观以后都得到良好的印象。

参加参观团的有各民主党派和宗教界、文教界、工商界人士共50多人。参观团在江宁县的共和乡、石马乡、殷巷镇等基层选举单位参加了选举大会和选民小组会。在石马乡第五村的选举大会上,各界人士看到每一个选民都非常重视自己的选举权利。这个选区215个选民中有212人参加了选举大会,其余3个不能参加会的选民也请别人转达了自己的意见。共和乡和岔路乡的选民们认真严肃地讨论代表候选人的情形,使各界人士很受感动。他们认为参观对进一步领会选举法的精神实质有很大帮助。中国人民保卫世界和平委员会南京市分会副主席吴贻芳说:"从农民们的讨论中看出解放后的中国农

---

① 1949年4月23日,人民解放军攻占南京,南京解放,成为建国初全国13个直辖市之一。1952年9月与苏南、苏北合并,成立江苏省;11月15日,南京改为省辖市。1953年1月1日,江苏省人民政府成立,南京由省辖市改为江苏省省会。此处"江苏省和南京市"应当是沿用旧的行政区划。——编者注

民,已真正享受到民主权利,对我们来讲,是上了一堂生动的民主课。"基督教牧师李既岸回想起国民党反动派借口剥夺职业牧师的选举权利的事情,更加觉得今天能够行使选举权利的可贵。南京市工商业联合会主任委员陈邃衡说:"这次普选的普遍性和真正的发扬民主,是中国历史上空前未有的事情。"经过参观以后,各界人士都表示要以实际行动积极参加普选运动。

现在,江苏省和南京市还有一批人士准备组织城市普选参观团到南京市区去参观。

【选自《人民日报》1953 年 8 月 26 日】

山西省人民政府关于城镇街道组织的几项暂行规定

民政会人字第 158 号

通知：太原、大同、长治市府、各专署、县、运城镇人民政府

为加强对城镇工作的领导，并统一市、城关区及城关镇的街道组织，特作几项暂行规定如下：

一、阳泉、长治两市，可根据自然情况和工作需要，设立区人民政府作为政权一级，区干部的配备，由各市现有编制内自行调剂。

二、阳泉、长治两市的市内区，运城镇和各县辖之 1.5 万人口以上的城关区及 1 万人口以上的城关镇，其下均设街公所，作为其派出机关，不算政权一级，以做好居民工作，便利管理领导和贯彻政府各项政策法令，使之更加密切政府与街道居民的联系。

三、街公所一律设街道工作委员会，市内街由 9 至 13 人组成，城关镇及城关区由 9 至 11 人组成，统一领导进行工作。街长为街道工作委员会主任，并可另设副主任 1 至 2 人。为了便利协助街长进行日常工作，街公所除街长外，可设副街长 1 人，下设干事 1 至 2 人（干事的配备可在居民中邀聘，亦可由委员兼任。街长与干事仍按民政会人财字第 122 号规定受补给），及民政（包括优抚、调解）、生产建设、文教卫生、治安保卫等 4 个工作委员会（倘工商业发达，或原有调解委员会组织而又基础较好的街道，亦可根据街道具体情况，适当增设工商财政、调解等工作委员会）。各工作委员会人数：市区街以 5 至 7 人组成；城关区或城关镇的街以 3 至 5 人组成，均设主任 1 人、副主任 1 人，主任由街道工作委员会委员兼任。

四、为便利街公所对职工家属的行政管理和领导，并促进各级政府或其派出机关和各级工会在工作中的密切联系与配合，在职工居住区的街道，有家属委员会组织者，该委员会应受当地工会和政府或其派出机关的双重领导。

五、公安派出所与街公所的关系，除街道全体居民统一进行的工作，派出所应接受统一领导，并协助街公所完成外，其他互无领导与指导关系。为了便利工作，街道工作委员会可吸收居住在本街的有关机关的负责人员，参加委员会工作或列席委员会议。

六、居住在各街道中之工厂、机关、学校、企业单位的人员,可计算在各街道的人口数内,各单位的人员,应遵照街公所规定之有关居民共同利益的各项规定,并带头执行,但一般不参加街道各种活动。

另外,关于太原、大同市的街道组织,仍暂维持现状,待中央统一规定后,再行调整。在此期间,希多提供一些改进的意见和办法。

1953 年 10 月 19 日

【选自《中华人民共和国行政法资料选编》,群众出版社,1984 年】

中央政法党组干事会关于城市街道办事处组织、居民委员会组织和经费问题的报告

主席、中央:

目前各城市的街道组织很不一致。在基层政权方面,有些城市在公安派出所内设民政干事,领导街道居民工作;有的城市在区人民政府之下,成立了街人民政府,并召开过街人民代表会议;有的城市在区人民政府下,设立了街公所或街道办事处。在城市居民群众组织方面,有些城市成立了大型居民委员会;有些城市成立了小型居民委员会;有些城市仅有居民小组;有些城市在居民小组之上还设有中心小组。此外,各种固定的或临时的工作委员会很多,领导既不统一,工作也较混乱。街道积极分子工作极为繁重,有的甚至因为"积极不起",携家迁居以摆脱工作,或故意犯错以求撤销职务,也有要求"半日为人民服务,半日为自己工作"的。同时,在街道(里、弄、胡同)中乱筹款乱募捐的现象也很严重。此种现象必须系统地加以解决,街道组织及其工作必须加以整顿。

我们搜集了各城市的材料和意见加以研究后,为了系统地解决上述各项问题,由内务部党组拟定了《城市居民委员会组织通则》《城市街道办事处组织通则》及《关于解决居民委员会经费问题的办法》,曾报请中央,中央原则批准、提出与各地同志商议。在今年七月城市工作问题座谈会时,又经北京、天津、上海、武汉、沈阳、广州、重庆、西安等八个城市的市委负责同志详加讨论,最近在第二次全国民政会议中又经参加会议的各大区、省、市民政厅、局长讨论研究,并经政法党组干事会最后修改通过。一致认为:

第一,街道居民委员会的组织是需要建立的。它的性质是居民群众自治性的组织,不是政权组织。对被管制分子及其他被剥夺政治权利的分子,是否应包括在居民委员会组织之内,曾有过不同看法。某些同志认为居民委员会既是群众自治组织,即不应包括这些分子在内,以免模糊了这一组织的性质。经过讨论后,大家认为把这些分子包括进来,更可便于管理和监督改造,而且有关公共福利事项,如街道的清扫和其他环境卫生等工作,是必须让他们参加、履行义务的。因此,可以把他们编入居民小组,但不得担任居民委员、小组

长和工作委员会委员,同时,居民小组的有些重要会议,小组长也可以斟酌情形不让这些人出席。

居民委员会的任务,主要是把机关、学校和较大的工厂、企业以外的街道居民组织起来,在居民自愿原则下,办理有关居民的公共福利事项,向人民政府反映居民意见和要求,发动居民响应政府的号召,协助政府推行政策法令。在粮食计划供应后,为国家代销粮食的私营粮店必有不少在粮食中掺杂、掺假,降低粮食质量等不法行为。估计今后还会有某些日用品实行计划供应,其中有些还需要委托私营商店代销一时期,居民委员会应帮助政府监督和检举这些代销店的不法行为,使其严格遵守政府法令。

居民委员会应由居民小组选举产生,在市、区人民政府或其派出机关的统一指导下进行工作。但它并不是政权组织,政府不应交付过多的事情给它办,致使其负担过重。

苏联各城市也设有类似我国居民委员会的"街道委员会",也不是政权组织。它的任务是协助民警分驻所办理清洁卫生、消防、公共设施(下水道、修路等)等工作。它在协助政府管理城市,特别是在苏德战争后城市的恢复工作中,曾起了很大的作用。

第二,城市街道不需要再建立一级政权。因为城市的许多工作都是需要集中统一处理的,不宜分散进行,如街设街政府就很容易政出多门。随着国家工业化和向社会主义的过渡,工人阶级以外的街道居民将日益减少,街政权将更不需要,更不应当建立。苏联现在在区苏维埃以下,也只有民警分驻所(相当于我们的派出所),并无相当于街一级政权的组织或其他派出机关。

但由于我们现在的工业还不发达,同时还处在向社会主义过渡的时期,即使在现代工业较发达的城市中,仍有很多不属工厂、企业、学校、机关的无组织的街道居民,这种人口在有的城市中,甚至多至 60% 以上。为了把街道居民逐步加以组织和改造并逐渐使之就业或转业,为了减轻现在区政府和公安派出所的负担,在很多城市中,除建立居民委员会外,还需要设立市或区人民政府的派出机关——我们的意见是以一定街道或里、弄、胡同等为单位设立办事处。这是一种过渡时期的组织,随着国家的社会主义工业化和社会主义改造的逐步实现,街道办事处的组织,即可因实际情况,而逐渐加以取消。

同时,在有的以国营工矿业为主体的城市中,如果当地党政领导机关认为不必要,现在也可以不建立这种办事处。

第三,关于居民委员会的经费问题。过去居民委员会的摊派募捐很多。

据内务部的材料,较多的如武汉市交通街居民委员会,1952年摊派冬防、消防、放鞭炮、送锦旗、宣传纸张等各种费用,每户每月平均负担14000余元(该市领导机关已加以纠正),不少城市每户每月一般在4000余元左右。全国大中城市居民以800万户计,全年此项负担共达4100余亿元。对此必须加以限制和整顿。因此,在《城市居民委员会组织通则》中也作了规定,并已由内务部提出了解决办法。

居民委员会公杂费应暂按人口每1000人每月5万元的标准,由政府统一开支,如此全国全年共需约216亿元;对误工多而又生活困难的积极分子,暂按每1000人口每月由政府补助12万元至15万元的标准试行,如此,全年全国共需开支约518亿元至648亿元。此外,还有可能改为市的80个较大城镇所需经费约为86亿元,暂预算为30亿元。以上三项合计,全国全年约需764亿元至894亿元。

这样,从国家财政上来看增加了支出,但在全国城市居民方面,则可减少约数倍于此的负担,并消除群众的不满,我们认为是必要的、可行的。

现将最后修改之《城市居民委员会组织通则》《城市街道办事处组织通则》并附《内务部党组关于解决居民委员会经费问题的意见》,一并送上,请审查批准,以便由内务部将上述两通则报请政务院通过后公布施行。

附:

城市居民委员会组织通则(修正草案)

第一条　为加强城市街道居民的组织和工作,解决居民的公共福利问题,在城市基层政权指导下,可按居住地区成立群众自治性的居民组织,其名称定为居民委员会。

第二条　居民委员会的任务如下:

(一)办理有关居民的公共福利事项;

(二)向人民政府反映居民的意见和要求;

(三)发动居民响应政府号召,协助政府推行政策法令。

第三条　居民委员会应根据便于联系居民进行工作,而又不使居民委员会工作负担过重的原则,依下列之规定组织之:

(一)居民委员会按照地区并参照公安户籍段辖区,一般地以100户至600

户居民为范围组成之。

（二）居民委员会设委员 7 人至 17 人，由每一居民小组各选举委员 1 人充任之，并由委员互推主任 1 人、副主任 1 人至 3 人，主持委员会的工作。居民委员会委员任期一年，如不称职或因故去职时，得随时改选或补选之。

（三）居民小组一般由 15 户至 40 户居民组成。各居民小组一般即由其所选居民委员担任小组长，必要时，并得由各该居民小组选举副组长 1 人至 2 人，协助组长进行工作。

（四）户数较少的居民委员会，一般可不设各种工作委员会，由居民委员分工负担各项工作。

户数较多的居民委员会，得按工作需要，分设固定的或临时的工作委员会，吸收居民中的积极分子参加，并应尽可能避免兼职。固定的工作委员会，一般可设社会福利（包括优抚）、治安保卫、文教、卫生、调解等 5 个委员会，各市人民政府得按工作繁简予以合并或增加，但固定的工作委员会最多不超过 6 个。必要时，经市或区人民政府批准，得设立临时的工作委员会，工作结束后应即宣布撤销。

（五）居民中的被管制分子及其他被剥夺政治权利的分子，亦可编入居民小组，但不得担任居民委员、小组长和各种工作委员会的委员，必要时小组长并得停止其参加居民小组的某些会议。

第四条　机关、学校和较大的工厂、企业等单位，一般不参加居民委员会，但应派代表参加所在地区居民委员会所召集的与其有关的会议，并遵守居民委员会有关居民公共利益的决议和公约。集中居住的职工住宅和较大的职工集体宿舍，亦应在当地市、区人民政府或其派出机构的统一领导下设立居民委员会，或由工会组织之职工家属委员会兼行居民委员会的职务。

第五条　市内少数民族聚居的地区，可以单独成立居民委员会；其户数较少者，可单独成立居民小组。

第六条　居民委员会所设各种工作委员会，在居民委员会统一领导下进行工作，除业务指导外，市或区人民政府所属各工作部门及其他机关，在布置新的任务或全市性的工作时，应由市或区人民政府批准并经街道办事处统一布置。

第七条　居民应遵守所属居民委员会关于公共利益的决议和公约。但居民委员会在进行工作时，应充分发扬民主作风，根据民主集中制和群众自愿原则办事，不得有强迫命令行为。

第八条　居民委员会的经费：

(一)居民委员会的公杂费及居民委员会委员的生活补助费,由省(市)人民政府统一拨发,其标准另行规定之。

(二)居民委员会办理有关居民共同福利所需的费用,经居民的同意,并经市或区人民政府的批准,得依自愿原则向有关居民筹募之。除此以外,不得向居民进行任何募捐或筹款。

(三)凡临时筹募之共同福利费用和开支账目,于事业办理完毕时,应即行公布。

第九条　本通则自公布之日施行。

1953 年 11 月 22 日

《城市街道办事处组织通则》(略)
内务部党组关于解决城市居民委员会经费问题的意见

一、居民委员会的公杂费,以每 1000 人口(约等于一个中型居民委员会)每月 5 万元为标准。全国已设 159 个市,共有人口约 4500 万人,其中市区人口约有 3600 万人,依此计算,全国每年约共需经费 216 亿元。

二、居民委员会委员的补助费,视各城市生活程度之高低,以每 1000 户人口每月补助 12 万元至 15 万元作为计算标准,全国每年共需 518 亿元至 648 亿元。

此外,目前全国尚未设市的 3 万人口以上城镇共有 80 个(人口约 360 万),其中有一部分将来可能改设为市,其居民委员会所需经费均按上述标准计算,每年约共需 86 亿元,暂预计为 30 亿元。

以上全国每年共需经费为 764 亿元至 894 亿元。

三、上述经费的使用办法：

(一)由各省(市)人民政府按照前项规定标准,统一掌握开支。由于大中小城市生活程度不同,补助费标准亦应有差别,由省(市)人民政府根据实际情况确定补助数额。

(二)每一居民委员会所需公杂费的数额,应由市或区人民政府按各该居民委员会范围的大小、工作的繁简等具体情况,分别核定发给之。

(三)居民委员会补助费,应用以补助工作繁重、生活困难的委员。补助对象及其数额经居民委员会讨论,并经市或区人民政府批准。具体执行时,应先从典型试办着手。

1954

广州市街道办事处暂行组织条例

市府于 1954 年 1 月 10 日公布

一、为加强对居民工作的领导,密切基层政权和居民的联系,市区区人民政府,得视工作需要设立街道办事处,街道办事处所辖范围与派出所同。

二、街道办事处为区人民政府的派出机关,其任务:

(1)执行区人民政府的交办事项;

(2)指导居民委员会的工作;

(3)及时地反映居民的意见和要求。

三、街道办事处设主任 1 人,必要时设副主任 1 人至 2 人,并按工作繁简、管辖地区大小,设干事 2 人至 5 人,均由区人民政府委派之。其人员配备依照下列原则:

(1)街道人口在 10000 人以下者,设主任和干事共 3 人至 4 人。

(2)街道人口在 10000 人以上 15000 人以下者,设主任和干事 4 人至 5 人。

(3)街道人口在 15000 人以上者,设主任、副主任和干事 6 人至 7 人。

四、街道办事处为加强对居民委员会的工作,每月得单独或与派出所联合召开居民委员会主任联席会议 1 次至 2 次(必要时得临时召集之),以协助和指导居民委员会进行工作。

五、市、区人民政府所属各工作部门及其他机关、团体等,非经市或区人民政府之批准,不得向街道办事处直接布置任务。

六、街道办事处与公安派出所在工作上必须互相配合,密切联系,必要时由街道办事处主任召开联席会议,协商解决有关的问题。

七、本条例自公布之日起施行。

【选自《中华人民共和国行政法资料选编》,群众出版社,1984 年】

杭州市人民政府关于市区
建立街道办事处试行组织办法(草案)

为加强市区区人民政府对居民的工作,密切政府与居民的联系,有力地贯彻政府的各项工作任务和政策法令,更好地解决居民的切身利益,参照中央人民政府内务部《城市街道办事处组织通则(草案)》及本市具体情况,特拟定杭州市人民政府关于市区建立街道办事处试行组织办法。

一、在上城、中城、下城、西湖、江干、拱墅 6 个市区人民政府管辖区,按公安派出所所属地区,建立区人民政府派出机关,通称街道办事处,具体名称以现在公安派出所之名称名之,即杭州市××区人民政府××街道办事处。

二、街道办事处不是一级政府机构,是区人民政府的派出办事机关,在区人民政府统一领导下,进行辖区内工作。其总的任务是:

(1)办理区人民政府的交办事项;

(2)指导居民委员会的工作;

(3)反映居民的意见和要求。

三、具体工作任务:

(1)民政事项:如优抚、社会救济等;

(2)调解事项:如婚姻、债务、房地产等一般民事纠纷与轻微刑事案件的调解,并通过调解进行政策法令的宣传教育。

(3)文教事项:领导群众业余文娱活动及黑板报工作,组织读报,动员和组织居民参加业余补习学校学习(关于民校的业务领导应由区人民政府文教科负责)。

(4)卫生事项:动员和组织居民开展爱国卫生运动,协助各项卫生措施。

(5)办理统购统销事项;

(6)办理区人民政府临时交办事项及协助其他有关部门应予协助的事项:如房地产税、爱国储蓄、居民财产自愿保险的宣传动员等工作;

(7)指导居民委员会进行各项工作;

(8)反映居民的意见和要求。

四、街道办事处的组织编制,按工作繁简设干部 3 人至 5 人(平均 4 人,主任 1 人,办事员 2 人至 4 人,内有女干部 1 人兼做妇女工作),均由区人民政府委派之。

五、街道办事处的工作方法,应是依靠群众发挥群众中积极分子及居民组织的作用,去办好群众自己的事情。街道办事处工作人员可按地区或业务大体分工,深入居民委员会督促与协助各项工作的贯彻,避免包办代替、有事不与群众商量的官僚主义与强迫命令作风。

六、街道办事处工作制度:

(1)不得办理公文,对上可用简单的文字报告,对下除开会通知外,不得发文字的东西;

(2)街道办事处研究工作之会议一般可 1 旬 1 次,1 个月作 1 次工作总结,并根据区人民政府指示订出 1 个月的工作计划(月初研究工作时,应约请公安派出所所长参加);

(3)建立记录簿制度,把每天主要事项记录下来,以供参考;

(4)街道办事处工作人员应坚持学习制度、加强学习各项政策法令;

(5)街道办事处在工作职权范围以内,视工作需要,可以召开居民委员会主任联席会议(一般可 1 个月召开 1 次)或其他小型会议。会议时间一般不宜太长。如需召开群众性大会或召开辖区居民小组长以上人员会议时,应报请区人民政府批准。

七、街道办事处与各方面的关系:

(1)与公安派出所在工作上应密切配合、互相协助,如双方发生意见不能统一时,应即请示人民政府决定;

(2)与人民法院区分庭的关系:属于街道办事处辖区内之一般民事纠纷或轻微刑事案件,街道办事处可以进行调解,如当事人要求移送人民法院处理时,应即移送人民法院处理,人民法院区分庭不得将已构成诉讼的案件移交街道办事处办理(调解组织由区人民政府与人民法院区分庭研究成立之);

(3)与区妇联分会的关系:街道办事处与妇联分会应密切配合,充分发动妇女的力量,搞好居民区的工作;

(4)与其他各方面的关系:根据各业务单位工作需要,凡需街道办事处配合协助的,且可能配合协助的,街道办事处应尽量配合协助。但各单位不得直接向街道办事处下达公文,布置任务;

(5)如遇必要时街道办事处可召开有关单位会议,统一街道工作。

八、区人民政府应根据急缓轻重,定期向街道办事处统一布置。区人民政府各业务科与街道办事处在工作上是指导关系。

本办法如有必要可临时修改之。

1954 年 2 月

人民调解委员会暂行组织通则

政务院

第一条　为建立人民调解委员会（以下简称调解委员会）及时解决民间纠纷，加强人民中的爱国守法教育，增进人民内部团结，以利人民生产和国家建设，特制定本通则。

第二条　调解委员会是群众性的调解组织，在基层人民政府与基层人民法院指导下进行工作。

第三条　调解委员会的任务为调解民间一般民事纠纷与轻微刑事案件，并通过调解进行政策法令的宣传教育。

第四条　调解委员会的建立，城市一般以派出所辖区或街道为单位，农村以乡为单位。调解委员会由委员 3 人至 11 人组成。

第五条　调解委员会委员，城市一般在基层人民政府主持下，由居民代表推选；农村由乡人民代表大会推选。调解委员会设主任委员 1 人，并得设副主任委员 1 人至 2 人，由调解委员会委员中互选。每年选举 1 次，连选得连任。

凡人民中政治面貌清楚、为人公正、联系群众、热心调解工作者，均得当选为调解委员会委员。调解委员在任期内，如有违法失职或不称职情形时，得由原推选机构随时撤换改选。

第六条　调解工作必须遵守的原则：

一、必须遵照人民政府的政策、法令进行调解；

二、必须取得双方当事人同意，不得强迫调解；

三、必须了解调解不是起诉必经的程序，不得因未经调解或调解不成而阻止当事人向人民法院起诉。

第七条　调解委员会必须遵守的纪律：

一、禁止贪污受贿或徇私舞弊；

二、禁止对当事人施行处罚或扣押；

三、禁止对当事人有任何压制、报复行为。

第八条　调解委员会调解案件时，应利用生产空隙时间进行工作，应倾听当事人的意见，深入调查研究，弄清案情，以和蔼耐心的态度、说理的方式进行调解。案件调解成立后,得进行登记,必要时得发给当事人调解书。

第九条　调解委员会调解案件,如有违背政策法令情形,人民法院应予以纠正或撤销。

第十条　基层人民政府及基层人民法院,应加强对调解委员会的指导和监督,并帮助其工作。

第十一条　本通则自中央人民政府政务院发布之日施行。

1954 年 3 月 22 日

杭州市民政局关于街道办事处干部配备情况报告[①]

　　关于街道办事处干部的配备问题,钧府拟订之街道办事处组织试行办法规定街道办事处干部配备为3～5人,我们根据这一精神结合各派出所地区人口密度、地区范围、工作繁简等具体情况,提出各区建立街道办事处干部配备的初步意见(附表),以供人事部门配备干部时参考。其中大部分地区均配备干部4人,人口较多的地区(12000人以上)配备干部5人,人口特多的地区配备干部6人,此外个别地区如城隍山人口虽少,但地区辽阔,情况复杂,则仍配备干部4人,青年路地区人口虽在12000人以上,但因该区系商业户和机关较多,居民亦较集中,故亦配备干部4人。西湖区人口特少,但地区辽阔,每一街道办事处配2～3人,水上暂配3人,因水上情况不同,今后如何进行工作还是一个问题,建立与否我们认为还应该考虑。

　　以上意见拟请钧府研究,转发各区提出意见后,交市府人事处负责,配备是否可以,请示。

　　民政局副局长:朱　　吕

---

　　① 原文标题为《杭州市人民政府民政局对建立街道办事处的干部配备提出具体意见报请研究转发执行》。

杭州市市区建立街道办事处干部配备情况表

区别	派出所名称	居民区数	户数	人口数	实有干部数
下城区	小计	135	32044	132583	39
	艮山门	10	2408	9867	3
	体育场	13	2581	10033	3
	健康路	16	2947	12437	3
	东街路	11	3411	14935	4
	海狮沟	11	2385	10340	4
	忠清巷	11	2965	13781	4
	竹竿巷	11	2330	9612	3
	武林路	11	2535	9772	3
	孩儿巷	12	3168	12214	4
	打枝巷	12	3245	11837	4
	潮鸣寺	17	4069	17755	4
江干区	小计	89	19724	75037	28
	六部桥	12	3998	14957	4
	南星桥	22	3083	11083	5
	十五奎巷	9	3503	13448	5
	闸口	13	2306	8910	3
	望江门	9	1574	6623	3
	江城路	11	2286	8500(人数不止此数)	5
	海月桥	13	2591	9729	3
	水上		383	1787	
拱墅区	小计	44	9553	43790	12
	米市巷	11	2079	7613	4
	拱宸桥	11	2520	14271	4
	湖墅	10	2374	9421	4
	茶亭庙	12	2580	9338	4
	水上			3147	

续表

区别	派出所名称	居民区数	户数	人口数	实有干部数
上城区	小计	96	23133	91994	33
	涌金门	13	3336	13010	5
	城隍山	7	1217	4176	2
	行宫前	10	2661	11963	5
	新宫桥	10	2492	10667	3
	花牌楼	12	2779	10493	4
	佑圣观	9	2342	8941	3
	河坊街	11	2739	11328	4
	三昧庵	12	2685	10845	3
	城站	12	2882	10571	4
中城区	小计	99	22451	103022	34
	小米巷	16	3286	13131	4
	横河桥	9	2286	9807	4
	马市街	12	2767	11876	4
	皮市巷	12	3059	2378	4
	金钱巷	12	2513	10757	4
	惠民路	7	1503	7059	4
	岳王路	11	2830	11849	4
	青年路	12	2522	13894	3
	湖滨路	8	1685	12271	3
西湖区	小计	21	3571	13852	11
	北山街	5	1107	4108	2
	松木场	6	902	3515	2
	岳坟	3	440	1737	2
	灵隐	4	574	2067	3
	长桥	3	548	2425	2

备注:1.干部数原计划每办事处配备4人,各区根据地区、人口及业务情况酌量增减。

2.人口材料时间:1953年12月(不含公共户人口)。

1954 年 6 月 17 日

杭州市建立街道办事处干部培训计划(初稿)

一、目的要求

为了使参加街道办事处的全体干部通过学习,从思想上认识到街道办事处的意义与建立街道办事处的必要性。明确街道办事处的性质、业务、职权范围与各有关方面的关系。同时介绍中城区岳王路工作组的试点经验,使全体干部对建立街道办事处的具体步骤、注意事项等问题,事先心中有数,以避免干部下去茫无头绪,无从插手。

二、组织领导

(一)训练班设班主任 1 人、干事 8～12 人,负责训练班具体工作(上述干部的来源,由市民政局、市府办公室、各城区区政府调配)。

(二)班部下设秘书、组织、总务三组,各组设组长 1 人、干事 2～3 人,各组的具体业务范围划分如下:

秘书组:负责会议记录、材料整理、印发文件、拟定制度等;

组织组:负责报到、编组、人事配调、党员关系、掌握干部思想情况等;

总务组:负责伙食、住宿及有关行政事务等。

(三)讲课另有市首长负责。

注:如采用集体上课分区组织讨论的训练办法,则总务组可以不必成立。

三、训练内容和日程安排

(在未开学前,训练干部均须办好报道手续)训练日期暂定为 5 天,作息时间可与机关目前办公时间相同。

第一天上午(第一课,报告时间半天)报告内容为建立街道办事处的意义,并结合当时干部中存在的思想情况进行动员,稳定情绪。下午划分小组进行讨论(小组划分可以区为单位,2 个或 3 个办事处干部合并划成 1 个小组,由各办事处主任分别担任正副小组长)。

第二天上午(第二课,报告时间半天)报告内容为《杭州市街道办事处组织办法》,岳王路工作组试点经验介绍及建立街道办事处的具体工作步骤。下午分组讨论。

第三天上午继续讨论。下午(第三课,报告时间半天)报告内容为街道办事处几项主要任务,政策业务的专题报告。如:

1. 优抚社救。

2. 社会文化教育生活。

3. 妇婴环境卫生。

4. 调解纠纷。

第四天上午分组讨论。下午各小组继续进行讨论。

第五天上午各小组继续进行讨论。下午解答各小组在讨论中所提出的问题,进行总结报告。

四、训练方法

(一)集体训练:训练地点暂定市委干校。各单位抽调之工作干部可在二天前由原单位介绍至市府人事处转介绍至班部报到。原单位在调配干部时应收集干部思想情况,于报到前备送市府。全市所调之干部全部集中,共同住宿进行学习,结束后再具体分配至各区。(小组讨论划分小组时,可按内部所分配好之名单排定,交各区掌握。)

(二)集中听课分区组织讨论听课地点仍定市委干校。各单位所抽调之干部由原单位介绍至市府人事处直接转介绍至各区报到,由各区自行划分小组,进行组织,按时来指定地点听课。

注:以上两种训练办法,由领导研究决定。

五、其他

(一)各城区民政科长及参加建立街道办事处的工作人员必须参加这次学习,并分别掌握本区各小组讨论情况。必要时,区长得出席参加。

(二)各城区公安分局长、派出所所长及全体干警,需参加听大课(如时间限制,第一、四两课可以不听),并由各派出所自行组织讨论。

(三)市、区各所单位可派员参加听报告,并由市府统一布置印发有关文件,交各单位分别在业务学习时间内进行学习。

1954 年 6 月 17 日

杭州市街道办事处干部训练材料①

一、关于调解工作的问题

(一)为什么要开展调解工作

在共产党和人民政府的领导和教育下,特别是经过历次的社会改革运动,我国人民的政治觉悟已有很大的提高,大多数的人民群众都已能自觉地遵守国家的法律、法令和各种政策,因而群众之间的纠纷已较解放以前减少,人民内部的团结已空前地加强。但是,基层人民政府和基层人民法院的收案数量却年年上升。这是因为:在国民党反动统治的时期,法院是压迫人民的反动统治机构,它不仅有一套烦琐的,不便于人民的诉讼制度,而且百般地对人民敲诈勒索,任意欺压和侵害人民。因此人民有了纠纷得不到公平合理地解决,一般都不愿意起诉。

全国解放以后,由于政府和法院是人民自己的,群众有了纠纷,一般都愿意请求人民政府解决,或到人民法院起诉。这些民间纠纷绝大多数是有关房屋、婚姻和债务等问题的,如不能得到及时的和正确的解决,就会影响群众之间的团结,妨害他们的生产和工作,有时甚至会酿成械斗和凶杀等不良后果,这对于发展生产固然是不利的。因此,对于这些民间纠纷,人民政府和人民法院有责任加以妥善地解决,绝不能以为这些都是琐碎小事而置之不理。但是,如果所有的民间纠纷,都要区乡人民政府和基层人民法院来解决,那是不可能的,必须采取一些有效的组织形式和工作方法来加以解决。由群众所组织的人民调解委员会,就是一个既便于解决民间纠纷,有利于团结生产,又便于在司法工作中贯彻群众路线的良好组织形式。它是人民进行自我教育的群众性组织。

(二)调解工作的任务是什么

调解工作的任务是调解民间一般民事和轻微刑事纠纷;进行政策法令的

① 原文标题为《在街道办事处干部训练班上的讲话材料》。

宣传教育。

哪些民事纠纷可以调解,哪些民事纠纷不能调解呢?

一般民事纠纷是指:婚姻、债务、土地、房屋、分家、继承等纠纷。凡是夫妻不和、婆媳不和、离婚问题、妇女离婚待产、私人间债务、买卖、典当、地界、桩基、坑道、房屋租赁、弟兄分家、子女继承等争执的问题,都可以进行调解(调解离婚的必须由当地区乡人民政府发给离婚证才有效)。

但是,性质比较重要、情节比较复杂、影响比较重大的事故,以及牵涉到公私关系、劳资关系和外侨、宗教等纠纷,就不要调解,应该由法院处理。

哪些轻微刑事案件可以调解,哪些刑事案件不能调解呢?

轻微刑事案件一般都是指:轻微的侵占、打架、伤害、毁损、小额偷窃、欺诈、妨害名誉、妨害信用等案件。这些都可进行调解。但对较重大的刑事案件,如遗业①、重大伤害、杀人、抢劫、制造贩卖运送毒品、捣乱金融、伪造印信文书、贪污渎职、破坏生产、奸商投机倒把、偷税漏税以及其他有关破坏国家经济建设等案件,都不能进行调解。因为这些案件对人民利益危害甚大,应该由法院依法治罪。有些地方对妇女被压迫自杀、奸淫幼女以及破坏森林、水利等案件,也来进行调解,这都是不对的。

调解干部怎样向群众进行政策法令的宣传教育呢?应该通过调解工作去进行,有时也可以与当地的宣传网、宣传员、读报组结合进行。主要是用具体事例,说明家庭和睦、团结生产的好处。

(三)调解干部必须遵守的三项原则和三大纪律

做一个好的调解干部,必须遵守调解工作的三项原则和三大纪律。

1. 什么是调解工作的三项原则呢?

第一,要按照人民政府的政策法令办事。遵守政策法令,不要一味迁就,无原则地进行调解。

第二,必须出于当事人双方自愿。要耐心向当事人进行教育,打通思想,使他们愿意接受调解,千万不要强迫命令。如"开斗争会""举手通过""案子不许出村"等办法都是不对的,应该坚决反对。

第三,调解不是诉讼必经程序,如果当事人不愿调解,或调解不成立,或调解成立后又反悔,不应该抱着不负责的态度,怕麻烦,大小事都推到法院去。

---

① 遗业:指前人留下来的产业、遗产。——编者注

2.调解干部应该遵守哪三大纪律呢?

第一,调解委员不得贪污受贿或徇私舞弊。一个好的调解干部,应该是忠诚为人民服务,大公无私的人。

第二,调解干部不得对当事人施以任何处罚或扣押。有的在调解时采取罚粮、罚钱的办法,有的个别调解干部还用罚跪、顶石等野蛮恶劣手段,这都是违法乱纪行为,应该受到法律制裁。

第三,调解干部不得对当事人有任何压制报复行为。一个好的调解干部应该是态度诚恳和蔼,对当事人不发脾气,自己有错,能虚心检讨,不得对当事人有任何压制报复行为。

二、房屋政策问题

(一)城市房租的性质

城市私有房屋占有的性质:因为房产建设需要一定的投资,而且要经常出资加以修缮,当利用房屋的投资收取租息时,则房屋就成为一种资本,如果建设房屋买卖时,则房屋就成为一种商品,因此城市里私人房主对房屋的正当占有,一般不是建设性质,而是资本主义性质的。私人房屋出租收取租金是资本主义性质的剥削,因此双方自由协议,租额相当于在社会上正当的平均利润,这样的剥削在新民主主义社会里是允许它存在的。

(二)关于城市私有房屋、地产和房租政策的原则

1.承担一般私人所有的房产所有权,并保护所有人的正当出租出卖合法经营之自由,禁止任何机关团体或个人任意占用私人房屋。关于官僚资本的房产调查如实后加以接管,战犯和罪大恶极的反革命分子的房屋,经政府依法判决加以没收,归国家所有。

2.保护私有房屋正当出租权益及房客之正当使用权益,租约、租期、租额由主客双方自由协议。租额不得过高过低,房客须依约按期交纳租金,房东亦不得违约强迫房客或任意提高房价,既照顾房主投资利润,亦照顾房客负担能力。适当地限制二房东,取缔挖顶费之陋习,以期待达到租赁关系之正常合理。

3.应把城市房屋视为社会财富,加以保护,主客双方均应遵守议定租约,房主必须依约修理房屋,以保障房客之安全,对房主之任意破坏拆除房屋,或空间不用拒绝出租者(空间房屋乃是妨碍社会公共利益自私自利之行为)政府得酌情予以处理,不能放任其有用的房屋倒塌废置,至造成社会更大困难。房

客对于房屋内部设备也应该加以保护。

4.政府有权保护城市房屋,督促房主进行必要的修建,并奖励私人兴建房屋,使城市房屋日渐增多,人民的居住不致发生困难。

对于普通的房屋纠纷案件,应该实行主客兼顾的政策。偏于照顾房客,只看到当事人目前的利益,忽略了长远的更大的社会利益,不可能做到使房主有利可图。因此房主采取消极心理,不修理房屋,投资建筑新房屋,根本没有可能。新的没有人建筑,许多旧的要垮,房荒将愈益严重,而公家目前全力恢复和发展生产,不可能对房屋建筑大量投资,一时还不能解决居民的居住问题。这偏客的结果不仅妨碍保养房屋和鼓励私人建筑房屋,而且公私双方和主客双方均将蒙受不利,这是违背城市房屋政策的。反之如果偏于照顾房主,不照顾房客的负担能力,则在目前房荒及投机取巧行为尚未完全根除,房主势必提高租金,或借改收间房屋另行出租,增加不必要的浪费和影响居民生活及工商业的恢复发展,造成主客严重的对立,以致妨碍生产,这样偏主的结果,同样是主客双方与公私双方都蒙受不利,也是违背城市房屋政策的。因此现在房租概由主客双方根据房子的好坏、所在地区、交通、设备、用途、使用年限、双方经济能力等依公平合理之原则自由设定,一般使房主除房产税和必要的修理费开支外,尚能获得小的利润。房主不得任意加租,主客一方如对租额有异议时,可以请求增减,但在新租额未议定前,仍应按原约缴租。

少欠租问题:房客欠租主要有两种原因:(1)房客以为可以白住房子,(2)房客经济确实困难。前者应加强房屋政策的宣传教育,使其了解这种想法是错误的,都是不符合于全体劳动人民当前的和长远的利益的,后者应根据具体情况处理,视房客的经济能力,确定分期偿付或待经济情况好转后再付,解放前的欠租可由主客双方协商减少及偿还办法。

5.迁让问题:根据杭州市房屋租赁暂行规则规定,有下列情形得由房主收房:(1)房主确是收回自用,应早三个月通知房客。(2)房主卖房时:应早三个月通知房客。不过现在有部分房主因为租金收不到,乃以房屋出卖为借口,要求房客迁让。我们承认私人的房屋所有权,应当允许其自由买卖,但房东不得以出卖房屋为房客迁让之原因,即不得卖空产。(3)因欠租而发生迁让问题:必须先审查房客欠租的原因,倘是故意拖欠,连三个月以上者,可判令迁让,使房主有利可图,倘确是房客经济困难而欠租,应说服房主,视双方经济情况作适当处理。

1954 年 6 月

中央人民政府内务部、财政部关于全国城市街道办事处和居民委员会经费使用原则的联合通知

关于全国城市街道办事处(街公所、大型居民委员会,以下同)和居民委员会的经费,早在今年二月间,即已由中央人民政府财政部分拨到各大区。现据了解和各地反映,有的大区迄今尚未将此经费拨给省、市人民政府;有些省、市人民政府虽已收到大区此项拨款,但大部分还存着未用。为使各省、市在掌握与使用此项经费时有所据,特作如下规定:

1.城市街道办事处经费,应用于解决城市街道办事处工作人员的工资或供给生活费和公杂费的需要上,由各省、市人民政府根据当地具体情况拟定之。

2.城市居民委员会经费性质,系补助性质的经费,除应用于解决居民委员会办公所需费用外,对实质参加居民委员会工作的居民委员会中,因工作而影响其生活且生活确有困难者,可采取定期补助的办法予以补助。

3.在此项经费下拨之前,有的城市已将街道办事处的工作人员,正式列入行政编制,其经费亦在行政费内列报,仍照旧供给,已经建立了街道办事处或居民委员会,由于经费未得到正式解决,因而仍定期向群众募集,致增加了群众负担,实际已形成变相摊派者,即刻停止摊派,其所需经费,即由此项下拨款内解决之。

各省、市人民政府民政部门和财政部门在接到本通知后,应即依照上述规定的精神,会商研究制定此项经费的具体使用办法,报请当地党政领导核准后施行。

1954 年 6 月 30 日

上海市居民委员会公杂费及
委员生活补助费试行方案（草案）

一、为更好地开展本市居民委员会工作,本市居民委员会由政府统一规定拟给开支以减轻居民负担,克服目前里弄经费中存在强迫摊派与贪污浪费现象,居民委员会主要工作人员由政府根据里弄工作负担情况与生活困难程度酌予生活补助费。

二、居民委员会公杂费指以下范围:

1. 日常办公所需要的纸、笔、墨、文具、电灯等费用。

2. 日常必要办公所需的报纸、茶水及一般公众卫生用具等杂支费用。

3. 召开会议时必要费用。

4. 经区人民政府批准认为必要时的办公房屋的租使费用。

三、居民委员会工作人员生活补助费,用于补助工作繁重、生活困难的主要工作人员,不应平均使用。补助对象及其数额应经居民委员会讨论,经区人民政府批准,生活补助费标准一般以 1000 人口居民委员会补助 12 万元至 15 万元,由区人民政府根据情况,掌握分配。

四、居民委员会公杂费的数额标准,一般每 1000 人口居民委员会每月补助 5 万元,由区人民政府根据居民委员会的居民情况、人口多少、工作繁简等来决定,不宜按比例平均拨给。

五、居民委员会办理有关居民共同福利所需的费用,经居民同意,经区人民政府的批准,应依自愿向有关居民进行筹集。除此之外,不得向居民进行任何募捐或筹款。

六、居民委员会经费收入、支出,均应接受区人民政府及其办事处的检查监督。日常公杂费应在政府规定标准拨发经费数目中,尽量节约开支,其收入、支出应向有关居民公布,同时报请区人民政府核销。

七、居民委员会有公杂费和生活补助费,由区造出预算,报市核定,由市统一掌握开支。

本方案经上海市人民政府批准试行,修改亦同。

（本案没有时间,估计为 1954 年 6 月到 1954 年 12 月间）

杭州市关于区政府街道办事处及居民区
一级妇女组织的几个问题说明①

最近市人民政府决定要在六个城区建立区人民政府街道办事处的组织, 为了更好地配合这一工作,现将接到妇女组织的几个问题说明如下,并报告你 们,其中某些问题最好和办事处问题统一研究、布置,以利今后工作。

一、街道妇女工作的任务及经常工作

(一)对妇女进行"加工"教育,在居民工作中注意并解决妇女的特殊问题, 以发动妇女积极参加居民工作,更好地响应人民政府号召。

(一)1个月至2个月间组织妇女进行有关妇女问题的学习1次,以提高妇 女的政治觉悟,围绕以生产为中心的方针,更积极地搞好家务、带好孩子。

(三)配合居民区组织妇女进行各种业余文化、技术及一般的政治学习,并 配合有关单位适当地解决妇女影响学习的特殊困难问题。

(四)配合有关单位进行有关妇婴卫生、儿童保育的宣传教育工作。

(五)配合有关单位调解妇女的婚姻、家庭纠纷。

二、各区政府办事处一级的妇女组织(即区妇联分会)

(一)妇联分会是区妇联的办事机构,代表区妇联执行任务,不是一级权力 机关。

(二)会一级设委员7至13人,分工如下:

主任1人——负责分会的全面领导工作。

副主任若干人——协助主任进行工作。

组宣委员1至2人——负责组织及宣传教育工作。

福利委员1至2人——负责妇婴卫生及儿童保育工作。

生产委员1至2人——负责了解和反映职工家属思想情况,动员他们为

---

① 原文标题为《关于区政府街道办事处及居民区一级妇女组织的几个问题》。

生产服务,同时,了解妇女参加手工业生产情况,并配合有关单位进行生产自救工作。

服务委员 1 至 2 人——负责婚姻及家庭纠纷的调解。

(三)分会委员的产生:可在分会所属居民区之妇女代表会议或代表会议委员会上选举产生。

(四)制度:根据各区妇联计划及街道办事处的中心工作,订出分会每月工作计划。

分会委员会每月开会 2 次,讨论计划、总结及检查工作进行情况。

分会每月并得召开居民区妇代会主任联席会 1 次,汇报及布置工作(有时可与办事处召开的居民区主任会议结合起来)。

分会每月向区妇联口头或书面汇报工作 1 次。

干部应抽出一定时间进行学习。

三、居民区一级妇女组织

(一)居民区一级妇女组织称××居民区妇女代表会议(亦可简称××居民区妇代会),是街道的妇女基层组织。

(二)妇代会由妇女代表组成,基本上以 5 户居民产生一代表为原则(但应参照地理情况及妇女人数多少灵活掌握)。每一居民小组的数个妇女代表中推选出代表组长 1 人,便于和居民小组配合。为了照顾经常工作,再由代表中选举正副主任若干人,委员一般 5 至 7 人(在有条件的和工作需要的地区可设两套),负责日常工作。委员分工和分会同。

(三)制度:代表会议委员会半月召开 1 次。代表会议一般是 1 月 1 次。妇代会每月向分会汇报工作 1 次。

四、分会、妇代会和各部门的关系问题

(一)和办事处的关系:分会在制订计划时,必须征求办事处意见,并须将计划交办事处 1 份,在日常工作中亦须和办事处密切联系、配合(内部应明确:办事处对妇联分会是指导关系。办事处妇女干部可以兼妇联分会主任)。

(二)和居民区的关系:为了更好地配合,居民区妇代会主任参加居民委员会为副主任。

(三)与其他有关单位的关系:如其他单位有工作须分会及居民区妇代会配合者,必须由区妇联统一布置,至少也须经区妇联同意,不可直接向分会及

居民区妇代会布置工作。

五、干部问题

(一)因中心工作需要而成立之组织,除有关委员外并可以由分会及妇代会主任参加;经常工作所建立之组织,必须由分会及居民区妇代会之有关委员参加,不得将各个职务集中在主任或几个积极分子身上。我们建议群众干部不得兼任三个以上的职务。现存问题应根据以上精神进行逐步调整。

(二)如因工作需要欲吸收妇女代表或干部兼任其他职务者,必须征得妇女组织的同意;妇女代表应征得妇代会一级组织的同意;居民区妇代会委员及分会委员应征求上一级妇联之同意;居民区妇代会主任及分会主任如需兼职则应征求上二级妇联之同意。

(三)分会及居民区妇代会之主要领导骨干都应是职工家属、劳动妇女。

杭州市人民政府

1954 年 7 月 30 日

杭州市上城区人民政府关于建立街道办事处工作计划(草案)

根据杭州市人民政府关于建立市区街道办事处的决定,为了加强区人民政府对居民委员会的领导,密切政府与群众的联系,更好地贯彻政府的政策法令与各项工作任务,进一步处理有关群众切身利益的经济、文化生活问题,在区委和区府的领导下,决定在各派出所地区建立街道办事处。为使街道办事处的建立工作有计划有步骤地进行,充分发挥街道办事处组织的作用,特拟订工作计划如下:

一、工作步骤

从办事处干部 17 日来区开始,到 9 月底为止,在这一个半月的时间内,主要是做好熟悉情况与办理好接交工作。在具体步骤上,大体分为:(1)建立机构与群众见面;(2)逐步移交办好接交工作;(3)检查工作与总结经验。为在实践中及时吸收经验,指导工作,推动全面,确定行宫前地区为重点,方法是加强领导,先走一步。

(一)建立机构与群众见面

8 月 17 日办事处干部来区,当天下午召开会议,办事处全体干部、派出所所长、区府各科科长参加。会议内容:1.区的领导讲话。2.公安分局长讲话。3.派出所代表发言。4.办事处代表发言。5.宣布办事处组织与人员名单。

8 月 18 日上午,区长召开办事处主任、派出所所长联席会议(公安分局长也参加),布置与研究建立办事处工作计划与具体做法。晚上各办事处与派出所联合召开处、所全体工作人员座谈会,由派出所详细介绍辖区情况,包括地区特点、居民干部与工作情况,双方表示态度,紧密团结,搞好工作。

8 月 19 日,召开本区各机关领导干部会议。办事处主任参加。见面与介绍情况;明确工作关系,说明:根据各业务单位工作需要,凡需街道办事处配合协助的,且可能配合协助的,街道办事处应尽量配合协助,但各单位不得直接向街道办事处下达公文、布置任务;应通过区府统一布置,以免工作混乱。

8月20日,由区长召开全辖区居民委员会委员以上人员会议,报告建立街道办事处的重要性(应着重说明办事处的建立与居民切身关系),办事处的性质、任务、职权范围、与各方面的关系,并宣布街道办事处的建立。

8月21日—8月25日,办事处与派出所共同分区召开居民小组长、妇女代表以上人员座谈会,介绍建立街道办事处的重要性,办事处性质、任务、职权范围,团结居民干部协助办事处搞好居民工作。重点是23日上午会议结束,开始先走一步,以后在时间上重点比一般早2天。

(二)逐步移交办好接交工作

8月26日—9月5日,移交民政事项,如优抚、社会救济等。派出所与民政科介绍民政全面情况与每个工作的具体手续及移交文件(如派出所烈军属登记表等)。结合召开基层组织系统会议和深入群众了解情况,如查对困难户登记卡等。

9月6日—9月10日,移交调解事项。派出所与区法院分庭介绍调解组织情况与调解工作情况,结合召开基层调解人员会议。

9月11日—9月16日,移交文教、卫生事项,派出所、区府文教科、卫生科等介绍业余学校、俱乐部、卫生等组织情况与工作情况,结合召开基层组织系统会议。

9月17日—9月20日,移交证明等其他事项。

在移交工作中,必须贯彻移交一项办好一项的原则。计划供应有关工作暂不移交。

9月21日—9月30日,在深入检查工作的基础上总结经验,着重总结街道办事处的作用、工作经验(包括区如何领导,办事处工作方法、制度,与各方面的关系等),并召开办事处全体工作人员会议,贯彻总结,布置任务。

(三)在以上各项工作步骤中,总的要注意两个问题

1.街道办事处建立工作,结合当前区的中心工作进行,如贯彻市、区第一次人民代表大会的传达;私有房屋的检查修缮工作等。不能放弃区的中心工作,为建立而建立。

2.街道办事处与派出所在工作上密切配合,相互协助,搞好团结,在街道办事处未建立好经常业务前,街道办事处与派出所所长应共同负责,不得相互推诿。

二、组织领导分工问题

1. 首先由区府负责全面领导,各部应密切配合,积极支持。

2. 为了加强具体工作指导,拟成立工作组,由毛兴元(副区长)、孔斌(民政科副科长)分任正副组长,其他由区府、公安分局、法院分庭、区委组织科各抽调 1 人组成,负责建立街道办事处的具体指导工作及重点试验等项工作。

3. 街道办事处的内部分工,按照业务系统(条条)与地区划分(块块)相结合明确分工,必须贯彻分工负责,通力合作的原则。

三、街道办事处工作制度与工作上注意事项

1. 不得办理公文,对上可用简单的文字报告,对下除开会通知外,不得发文字的东西。

2. 街道办事处研究工作之会议一般可一旬一次(每日 10 分钟碰头会),一个月作一次工作总结,并根据区府指示,订出一个月的工作计划(月初研究工作时,应约请派出所所长参加)。

3. 街道办事处向区府报告工作,规定每 10 天一次旬报,按月、按季地总结报告;每一中心工作结束后,及时地总结专题报告。

4. 建立记录簿制度,把每天主要事项记录下来,以备查考。

5. 街道办事处工作人员应坚持学习制度,加强学习各项政策法令。

6. 街道办事处在工作职权范围以内,视工作需要,可以召开居民委员会主任联席会议(一般可一个月召开一次)或其他小型会议。会议时间一般不宜太长。如需召开群众性大会或召开辖区居民小组长以上人员会议时,应报请区府批准。

7. 街道办事处例假休息日应排妥值日人员,处理日常事务。

8. 凡有关政策原则性或比较重要问题的处理,必须做到先请示后报告。

9. 请假制度、保密制度按区府原来规定执行。

10. 街道办事处在工作上应注意几点:

(1)必须密切联系群众,倾听群众意见,善于发挥群众中积极分子及居民委员的作用,去贯彻政府法令,办好群众自己的事情,避免包办代替、命令主义和官僚主义的作风。

(2)全体工作人员必须树立社会主义工作态度,热爱工作,钻研业务,发挥积极性与创造性,反对拖拉、敷衍、虚伪的工作作风。

（3）全体工作人员必须服从领导，遵守组织纪律，坚持各种制度与学习生活。

（4）与派出所及有关部门单位应加强联系，搞好团结，凡有问题，虚心商量，如双方发生意见不能统一时，应即请示区人民政府。

（5）全体工作人员加强团结，正确展开批评与自我批评，在工作上发挥友爱互助的集体主义精神，反对妨碍团结的各种现象。

1954 年 8 月 17 日

杭州市关于建立市区街道办事处的报告

一、过去的情况

城区人民政府建立后,一年多来,作为区的主要工作的工业、商业、文化、教育以及有组织的团体、工人、学生、工商业者都有一定的机构来专管,但占人口一半以上的无组织居民工作却没有很好管理起来,过去此项工作是由派出所负责,根据一年多来工作情况的发展来看,这样的做法不能满足工作的需要。

(一)每个区按人口之多寡,都划分了若干个居民区,从建立居民区以来,一直都是依靠派出所来管理,各种工作都是通过派出所来推行的,但派出所限于本身业务的繁忙,在政府各种政策法令及各项具体工作贯彻上受到了一定的影响。

(二)因为一切民政、司法等各项业务工作,都需要通过派出所来贯彻,因而派出所忙于事务,忙于协勤,派出所本身的治安工作是削弱了。根据上城区行宫前派出所的调查报告:派出所对自己辖区特种人口及被管制的反革命分子的情况都没有很好掌握,派出所民警忙于协勤,约占去时间的1/2。这种情况是比较普遍的。

(三)居民委员会建立以后,无经常的领导,因而居民区情况混乱,"五多"现象亦很严重。同时随着革命事业的发展,人民的政治觉悟亦大大提高,对人民政府的希望与要求越来越高,因而需要对居民委员会建立经常的领导。

(四)各项业务的发展,市区主要业务单位(如法庭的调解,税务局的收税情况),在居民区进行工作都需要协助,过去派出所对这些工作,由于本身力量是处于都管都不管的状态,因而各单位就直接到居民区去,按自己的需要搞一套,这就产生了任务多、组织多及兼职多的混乱情况,如众安桥居民区居民委员会主任金水登身兼十余职,每月做居民工作时间占生产时间一半以上。这种情况并不是个别的,相当地妨碍了居民生活与劳动。

以上情况的结果使政府与人民群众的关系受到很大的影响,各项工作的贯彻所受到的影响也是很大的。

二、街道办事处试点过程中取得良好效果

(一)在区人民政府进行各项工作中有了助手。如救济工作以前要求救济

的需要经过四道手续(居民小组、居民委员会、派出所提意见、区政府批准),群众感到最麻烦。自将此项工作划归街道办事处工作后,减少了群众的麻烦,群众感到满意,在救济米、款的掌握标准上也较正常,一个月结余了救济米 104斤,救济款 30 万元(约占救济费的 45%)。过去的情况只有超过,节余极少。区府也减轻很多负担。在调解工作方面,一个月共调解百余件,多数得到圆满解决。过去不少调解小组解决不了的事,都涌到区府民政科(或法庭),由于情况很难掌握,有时遭到群众不满。对生产自救组织的领导,以往如组织人力印染厂,开了不久即因没有领导,而倒闭。筹备生产自救糖果社,筹备时间长达两个半月,工作组来后即协助成立。营业结果生产 400 斤糖即可得净利 50 余万元(目前粮的原料缺),计算每月纯利约 700 万元。此外如整顿军属组织等工作,使区府感到十分方便。

(二)"公共派出所"的问题解决了,派出所的协勤大大减少,可以专心于治安工作。据派出所反映:过去民警 2/3 的时间用在协勤上。自工作组来后,民警工作专心了。

(三)试点工作组到了岳王路派出所后,居民委员会与群众甚表欢迎,感到有说话办事的地方。群众反映说:"过去我们无人管,现在有了工作组。"不少积极分子,主动向工作组反映情况。

三、随着各项工作的深入开展,人民民主生活的发扬,适应计划经济工作,建立街道办事处是迫切需要的

(一)杭州市 6 个市区共 8 个派出所,拟按现在派出所管辖区来建立办事处,共须建立 48 个,每个办事处平均以 4 个干部计算,共需 192 个干部,办事处主任根据任务情况安排科员级来担任。

(二)根据以上情况特拟订《杭州市人民政府关于市区建立街道办事处试行组织办法(草案)》,该办法草案于 5 月 17 日发至各城区区府、公安分局及有关各局、人民法院、人民银行、保险公司、市妇联、市委宣传部等单位,经他们讨论后提出书面意见共 59 条,我们加以仔细研究,采纳了部分意见,又即发上述单位,6 月 16 日我们又召开了会议进行专门研究,又作了部分修改。谨报请市委批准。

报市委(附方案)

中共杭州市委第五办公室

1954 年 8 月 21 日

附件一

关于市区建立街道办事处工作计划

根据市人民政府"关于市区建立街道办事处的决定",作好建立街道办事处的工作,充分发挥街道办事处组织的作用,特拟订工作计划如下:

一、工作步骤

1.准备工作

(1)作好干部训练工作,要求达到使参加街道办事处工作全体干部,明确认识建立街道办事处的重要性和街道办事处的性质、任务、职权范围,了解有关街道工作方面的主要业务政策和街道办事处的基本工作方法。(目前训练工作将于 8 月 17 日结束)结束时,请顾副市长讲话,传达工作计划(这次会议请各城区区长、各城区公安分局长、区属有关单位、公安派出所全体工作人员均须参加)。

(2)组织工作:六个市区共建立 47 个街道办事处,现有干部一六九人(缺额由人事处逐渐调配),各区应按办事处辖区大小,工作简繁,工作人员能力强弱,合理搭配好。

(3)各区人民政府作好房屋、办公用具、膳宿等准备工作。

2.建立机构与群众见面

(1)各区区长召开办事处主任、派出所所长联席会议,安排与研究关于建立街道办事处各项具体工作,计划区府应事先拟好(计划应包括如下工作步骤:移交工作安排、时间安排、组织领导、注意事项等)。

(2)各街道办事处与公安派出所联合召开处、所全体工作人员座谈会,由派出所详细介绍辖区情况(包括地区特点,居民干部与工作情况)。拟好内部各项工作接交计划(接交工作可采取逐项移交的办法,首先移交民政、调解,其次文教、卫生、俱乐部、证明工作,移交一项应办好一项,计划供应工作暂不接,仍由公安派出所办理)。

(3)由各区区长召开全辖区居民委员会委员以上人员会议,报告建立街道办事处的重要性(应着重说明街道办事处的建立与居民的切身关系),办事处的性质、任务、职权范围、与各方面的关系,并宣布街道办事处的建立。

(4)办事处与派出所共同分区召开居民小组长、妇女代表以上人员座谈会,介绍建立街道的重要性,办事处性质、任务、职权范围,团结居民干部协助办事处搞好居民工作。

3.办事处建立工作可结合各区当前中心工作进行。派出所应将原协勤工作(属街道办事处业务范围的工作),按计划逐步进行移交。

4.街道办事处在各项工作步入正轨后,应即进行总结。着重总结街道办事处作用、工作经验(包括区如何领导,办事处工作方法、制度、与各方面关系等)。

以上工作时间预定在九月底前结束。

二、组织领导

1.在市人民政府领导下,成立建政办公室(由杜振华同志担任主任),由市府办公室、民政局、公安局、市人民法院、市民主妇联、财政局等单位抽调干部组成办公机构,负责累积材料,检查工作,交流情况,帮助解决问题。并重点帮助一个区及时总结经验,指导各区开展工作。

2.各区领导上,应充分重视并亲自掌握建立街道办事处的工作,由区民政科(科长)、秘书室、公安分局、区分庭等单位抽调干部组成工作组,办理具体工作,区应掌握一个重点街道办事处的建立工作,以吸取经验,推动全面。

三、注意事项

1.街道办事处与派出所在工作上应密切配合,相互协助,搞好团结,在街道办事处未建立经常业务前,街道办事处与派出所所长应共同负责,不得相互推诿。

2.注意随时累积有关街道办事处工作的经验。

四、各区根据本计划拟订具体谋划

杭州市人民政府建政办公室

1954 年 8 月 12 日

附件二

关于街道妇女组织的补充意见

过去关于街道妇女组织问题,我们会提供了几个意见,现在根据全国妇联华东妇女工作委员会所召开的城市妇女工作队会议的精神,再提出以下补充意见。

由于居民工作对象绝大多数是妇女,居民干部有半数左右是妇女担任,居民区工作也必须明确依靠职工家属(这是我们的认识),因此居委会和妇代会的工作都应当以工属为主要对象。因工属中有男有女,而妇女占多数,劳动群众中也是妇女多,因而搞好妇女工作,实际上就是搞好居民工作,要搞好居民工作也必须搞好妇女工作。同时,居民工作和妇女工作内容,基本上是一致的,都是贯彻党在每个时期的方针、政策和各项任务(如居委会的宣教、卫生、婚姻调解、生产自救等工作,与妇代会的宣教、调解、妇婴卫生等工作都可以统一起来搞,是没有矛盾的),为了使党的工作更集中、更好地在居民区中有力地贯彻,克服五多现象,以解决会议多、布置不统一、内容重复、干部兼职多,往往争干部争群众,致使群众过于疲劳,及在某些工作上职责不明,相互推诿,闹分家等现象,因此,我们认为居民委员会可以与妇代会委员会统一起来,统一办公,一块搞工作,妇代会主任兼居委会副主任。这样,居民工作与妇女工作统一由一个委员会兼任(兼两种工作),名称可用居民委员会,这样,发挥了集体领导,避免分散、多头领导,同时也就贯彻了男女一齐发动的方针。但这并不等于取消妇代会,妇女独立组织仍然存在,只是委员会是一套,妇代会主任兼居民区副主任,其他副主任可以兼居民区委员会的委员,在工作需要时,仍可专门召开妇代会进行"加工"教育和选举出席市、区妇代大会代表等工作。

妇联分会组织仍旧存在。

以上办法上海正在试行,据说效果很好,为了更慎重起见,我们意见先由市府统一布置在市、区政府所掌握的重点办事处中进行典型试验(市妇联参加市府掌握的重点),成功后再推广。

以上意见是否妥当,请批示。上报市人民政府。

杭州市民主妇联

1954 年 8 月 21 日

杭州市拱墅区府关于建立街道
办事处工作的几点补充意见^①

为了使街道办事处与各有关部门落实负责做好各项工作的移接交工作,以利于开展街道办事处各项业务,特补充如下几点工作意见:

一、移接交工作业务范围

(一)民政事项

1.优抚工作。办事处负责了解和反映烈军属思想、生活情况,加强对烈军属的教育,动员组织烈军属参加政治学习,并向群众进行拥军优属的教育、发动群众搞好经常的及季节性的拥军优属工作(对烈军属的实物补助发放、介绍工作、子女入学及全民性的政治思想教育与活动等,由民政科负责)

2.社会救济工作。掌握辖区内困难户的思想、生活动态,负责发放救济粮款,向群众宣传有关救济政策方针,指导优救小组进行各项工作(贫病医疗减免统一由民政部门负责掌握,街道办事处负责打证明)。

3.房屋修缮工作。根据市府颁发《杭州市人民政府关于防止梅雨季节坍屋伤人督促修理私有危险房屋暂行办法》,向人民群众进行宣传教育,了解辖区危险房屋情况、动员督促检修危险房屋,指导修缮小组进行各项工作。

以上除优抚工作暂不移交外,社救、房屋修缮两项工作,要求移交后普遍进行一次全面了解,并将房屋修缮工作进行一次排队,以便掌握情况,做到心中有数。(此项工作现阶段应由办事处与派出所共同负责办理。)

(二)调解事项

办事处负责调解一般民事、婚姻、债务、房屋纠纷及轻微刑事案件,通过调解案件,向群众进行各项政策法令的宣传教育工作,并协助调解小组进行工作。

调解工作,采取"边交、边教、边做"的方法,由区分庭介绍过去案件性质、

---

① 原文标题为《拱墅区府关于建立街道办事处工作的几点补充意见》。

多寡及如何进行工作,开始移接时,办事处收到案件,可请区分庭同志参加,由区分庭同志为主进行调解,办事处同志吸取经验,以后逐步再由办事处单独调解。

（三）文教事项

1.居民业余学校:协助聘请教师,组织动员居民入学、了解学校情况。

2.黑板报。发动通讯员写稿,抄写员抄稿,检查稿件是否及时出刊。

3.幻灯工作。组织观众,掌握幻灯队结合中心运动轮流放映,培养幻灯队工作人员。

4.读报组。组织群众读报。

5.俱乐部。掌握与帮助解决俱乐部的一些具体困难。

6.剧团。组织观众,协助演出,了解一般情况。

以上文教工作5、6两项,目前不移交,对于各项工作的整个业务领导,均由区文教科负责,俱乐部、剧团的经费,亦由文教科负责解决。

（四）卫生事项

协助卫生部门向群众进行爱国卫生宣传教育工作,组织群众搞好环境卫生,检查督促卫生工作,协助妇联分会做好妇婴卫生工作。

二、移接交工作方法

1.在各项工作移交中,必须掌握逐步原则,防止一下子想将什么工作都推出来、不负责的现象,应做到移交一项工作,办好一项工作。

2.各部门在移交时:事先必须作好充分准备,将移交工作详细写成书面材料,然后再作口头介绍,并需讲清过去所掌握的上级政策、法令指示精神与所做的工作方式方法,反对粗枝大叶、空口谈说、草率从事、不负责任的工作态度。

3.在移交工作时:以茶亭庙办事处先走一步,以便吸取一些经验,然后再会集其他4个办事处,集中到区一起交代,这样既节约时间,又能集中大家的意志。

4.每当一项工作移交完毕后,办事处可接着召开一些小型专业会议,以便进一步了解和熟悉情况。

三、移接交工作日程的安排

8 月 24 日—9 月 5 日　移交民政工作

9 月 6 日—9 月 15 日　移交调解工作

9 月 16 日—9 月 25 日　移交文教、卫生两项工作

除重点办事处外,其他各办事处均推迟 1 天。

9 月 26 日—9 月 30 日　各办事处进行总结工作。

1954 年 8 月 23 日

重庆市建立街道办事处试行办法

（重庆市人民政府府秘〔54〕字第106号通知施行）

为了加强街道居民工作，密切人民政府和居民的联系，特根据中央《城市街道办事处组织通则（草案）》及本市具体情况拟定本办法。

一、街道办事处的设置及工作领导

（一）街道办事处为区人民政府的派出机构，一般在设有公安派出所的地区设置，其名称通称"重庆市第×区人民政府×××（地名）街道办事处"。

（二）街道办事处由区人民政府统一领导，按月召开主任联席会议，布置工作；有关业务工作由区政府各业务科具体指导。

二、街道办事处的任务

（一）在街道居民中进行政治文化教育、公共卫生、社会救济、优抚、调解纠纷、结婚登记及办理区人民政府其他有关街道工作的交办事项；

（二）指导居民委员会工作，统一街道居民各项工作步调；

（三）向区人民政府反映居民的意见和要求并提出有关街道工作的兴革意见；

（四）经常宣传贯彻婚姻法。

三、干部配备与分工

（一）街道办事处编制，一般设干部3至5人，其中设主任1人，必要时增设副主任1人。主任副主任应配备政策业务水平较高的科员级干部充任。在干部挑选上，可多用女干部。

（二）街道办事处干部应按业务分工、结合地区包干进行工作，主任掌握全面，并可重点掌握一个居民委员会的工作，以吸取经验，指导一般。另以干部一人办理结婚登记、处理人民来信等内勤工作，并可包干办事处附近一、两个居民委员会的工作，其余干事即按优抚、社会救济、文化教育、公共卫生、调解纠纷、妇女等工作进行分工，并按所任业务繁简不同，再分别包干几个居民委员会的工作。

四、制度

(一)工作制度:办事处应根据便利群众的原则,建立办公制度,并根据具体情况建立请示、报告制度,工作计划、检查、总结制度。

(二)会议制度:

1.处务会议:每周召开一次。主要检查上周工作执行情况,讨论布置本周工作,研究解决工作的具体问题。

2.居民委员会正副主任联席会议:每半月召开一次,主要是听取汇报,研究布置工作。

3.专业会议:优抚、救济、文教、卫生、调解、妇女等专业会议,可不定期召开,由各有关业务的居民委员及有关单位参加,主要检查工作、交流经验以及组织业务学习。

4.居民委员扩大会议:每三个月召开一次,由办事处主任召集,居民委员会委员出席,并吸收治安保卫委员会委员、妇女代表等参加。主要由办事处总结报告工作,听取大家意见,发挥自下而上的监督作用。

5.辖区内有关单位的联席会议:可根据工作需要召开。主要是研究统一工作步调,解决有关工作的联系配合问题。

五、工作关系

(一)街道办事处与派出所系配合关系。为了密切配合工作,双方应主动联系协商,每月会同召开联席会议一次(所长、办事处主任及有关人员参加),研究解决有关工作问题。

(二)市、区机关、团体在地段进行较重大工作,须经区人民政府统一向街道办事处布置,临时性的一般工作亦须通过街道办事处。

(三)街道办事处对辖区内的工属委员会系指导关系。街道办事处对工属委员会的行政工作,应联系工会直接布置,散居街道的工属,应一律加入当地居民委员会。

(四)街道办事处对辖区内的妇女代表会,街道工会等人民团体系指导关系。遇有对双方有关的工作,街道办事处应主动联系进行。

(五)街道办事处与辖区内区人民代表取得密切联系,并协助其进行工作。

1954 年 9 月 4 日

【选自《中华人民共和国行政法资料选编》,群众出版社,1984 年】

杭州市整顿居民区组织工作计划

本市自 1950 年建立居民委员会以来,在推行人民政府各项政策法令、贯彻各项运动,反映居民群众的意见和要求,以及进行经常的治安保卫工作和解决居民群众福利事业等方面,均取得了很大成绩。但由于过去缺乏对居民委员会的系统领导,居民区普遍产生组织多、任务多、会议多、干部兼职多,组织不健全,工作忙乱,个别的居民区还存在组织不纯的现象,因而相当影响居民工作的正常开展。为适应国家社会主义建设和社会主义改造事业的需要,加强对居民群众进行社会主义思想教育,发挥居民群众的政治积极性,健全居民自治组织,充实居民的民主生活,克服居民区中的混乱现象,决定在街道办事处建立的基础上,对居民区组织分批进行全面的、系统的整顿工作,并争取年底整顿改选基本或大部分结束。为使整顿工作顺利进行,确定各区选择一个办事处辖区作为试点,先进一步取得经验,指导全面。具体计划如下:

一、目的要求

根据市府关于《居民委员会试行组织办法(草案)》的规定,结合工作的实际需要,将居民区中各种原有组织,进行系统的整顿,通过整顿,达到纯洁与健全居民区组织的目的。确保领导权掌握在劳动人民手中,团结其他各阶层人民进一步贯彻政府政策法令,共同做好居民工作;明确居民区组织的性质、任务,建立与健全必要的工作制度,克服"五多"和工作混乱现象,为今后居民区进行经常工作创造前提。

二、居民委员会、治保委员会、人民调解委员会、妇女委员会的组织形式和关系

居民委员会是群众性的自治组织,是居民群众自己组织起来为自己办事的组织,在街道办事处的指导下进行工作,根据市府《关于居民委员会试行组织办法(草案)》的规定,由居民小组产生的居民委员组成,设主任 1 人,副主任 1 至 3 人,各委员并按业务性质实行分工负责,如社会福利、治安保卫、调解、文教、卫生、计划供应、妇女等。除治保、调解、妇女等及指定设立的组织外,其

他各种组织逐步予以取消。

治保委员会,根据市公安局关于治保委员会的组织方案设立,居民委员会中的治保委员兼任治保委员会主任,并受公安派出所领导。

调解委员会,根据市法院关于调解委员会的组织方案,视实际需要,以办事处辖区范围,由居民委员会中的调解委员视需要情况,组成数个调解委员会,受办事处、法院区分庭指导。

妇女委员会与居民委员会在工作上是互相协助、互相配合,妇女主任兼任居民委员会副主任或妇女委员,以便统一居民工作。

三、组织领导

整顿居民区组织是本市第四季度主要工作之一,为保证此项工作顺利进行,各区在区委的统一领导下,加强区建政工作组的领导,由区长或副区长亲自掌握,进行具体指导,试点工作干部在区的直接领导下进行工作。为了在整顿工作中充分运用群众力量,在各居民区适当吸收政治上可靠,熟悉情况,群众中有威信的居民干部和积极分子参加,协助工作。

四、工作步骤与时间安排

(一)准备工作(5~6天)

1.组织干部学习各种组织办法(居民委员会的组织办法、治保组织方案、调解组织方案、妇女组织方案等)和试点工作计划,通过学习,进一步明确整顿居民组织的必要性,树立整顿观念,达到组织上和思想上的统一,步调和做法上的统一。

2.内部材料准备:在学习后,初步掌握情况的前提下,将居民各种组织的干部及新涌现的积极分子,按照阶级出身,工作态度,民主作风及群众关系,在内部予以排队,然后再按照居民区各种组织(如调解、治保、妇女等)的业务性质、政治条件与群众关系及实际需要进行统一研究、合理的搭配,具体可分五类:

第一类:成分好、政治纯洁、工作积极负责、在群众中有一定威信,能联系群众的。

第二类:成分好、工作上能力差,但能起一定作用的。

第三类:成分不够好(如资本家及其家属或有一般历史问题的),但在工作上表现尚好,能起一定作用,在居民区中有一定代表性的,可视实际需要情况,吸收做一般委员,不得担任主要工作。

第四类:挂名不起作用的(成分好、政治纯洁的,经过教育有转变一般仍可使用)。

第五类:成分不好、历史上有严重问题,或有严重违法乱纪、作风极端恶劣、群众不满的通过整顿予以选掉①。

3. 对居民区当前存在的主要问题进行排队,如居民干部内部的兼职问题,团结问题,地区的政治情况,群众的觉悟程度和居民小组区划的调整问题(居民区划大小问题在原有基础上,原则上不必打乱另划,但个别居民区划大小过于悬殊,领导不便者可结合予以调整)作一统盘的研究,有计划、有步骤地在实际工作中加以解决。

(二)宣传动员工作(5～6天)

1. 通过广泛深入的宣传动员,广大居民群众普遍认识居民委员会的性质、任务及其作用,进一步明确健全居民委员会,改进居民工作的重要性,从而积极参加居民区的整顿工作。宣传工作的步骤采取先干部后群众的方式进行,首先召开原居民小组长、治保委员、调解员、妇女组长以上的居民干部及新的积极分子会议,宣传居民区的性质、任务,说明整顿居民委员会的重要意义。组织干部系统学习居民区各项组织办法,端正居民干部对改选所抱的不正确态度。适当吸收各方面的居民干部(居民委员会、治保、调解、妇女)组成宣传小组(可向外公布)或运用原有居民组织,协助做好宣传工作,反映情况及负责总结本居民区的工作(结合宣传教育的工作,办事处进一步摸底,核对原排队材料,达到全面掌握情况)。

2. 召开居民群众大会(被管制的及被剥夺政治权利的分子不得参加),由居民委员会向群众总结报告一年来的工作,由办事处向群众宣传健全居民组织的重要意义和改选居民组织的具体步骤方法,进行民主教育(宣传提纲另附)并组织讨论,为酝酿改选打下思想基础。

(三)组织建设

1. 组织建设工作,是一项细致复杂工作,必须充分发扬民主,发动群众,防止包办代替的行政做法。候选人的提名,是做好改选工作的重要环节,其做法采取下列两种方式进行:

---

① 选掉:这里指将前述存在问题的干部或积极分子从干部队伍中清除。——编者注

（1）召集居民中有代表性的人员参加协商，提出名单，交居民小组讨论，采取联记①或举手表决选举方式，由小组长选举。

（2）居民小组提出候选名单（我们也可以提出名单），由办事处总研究决定，提出统一的候选人名单，居民小组民主讨论选举产生。

2.关于结合治保组织改选的问题，拟采取两种方式进行：

（1）在选举居民委员会的同时，一并提出治保委员会的委员候选人名单，在居民小组中，同时选举产生，提名方式亦可采取上面两种方式进行。

（2）先选出居民委员会后，由居民委员会中之治保委员（即治保委员会主任）提出治保委员初步名单交居民小组通过。居民小组的副组长均一并选举产生。

3.成立居民委员会，由办事处负责召集第一次会议，推选主任一人，副主任若干人，并按调解、社会福利、文教卫生、计划供应等业务，进行分工，建立工作制度和会议制度，结合区的中心工作订出居民工作计划。并召开居民群众大会，宣布新的居民委员会的成立。

（四）总结整顿居民区的工作，在改选结束后应即对整顿居民区工作进行全面系统的总结，并订出全面开展的计划。

五、注意事项

1.改选工作必须在广泛深入宣传动员、发动群众的基础上充分地发扬民主，既要防止行政方式，又要避免缩手缩脚放弃领导的偏向，使广大居民通过此次改选，受到一次深刻实际的民主教育，同时应随时注意培养新的积极分子，参加居民工作，并警惕坏分子乘机混入。

2.居民组织的整顿，将势必反映出激烈的阶级斗争，因此在工作中首先要明确阶级观点，贯彻群众路线，明确以劳动人民为领导骨干，团结各阶层居民参加工作。

3.充分发挥原有居民组织的作用，除个别坏分子外，对原有居民干部，主要应从团结教育出发，尽可能吸收他们参加工作，从实际工作中帮助他们纠正缺点，防止一脚踢开的偏向。

4.办事处、派出所以及有关单位应密切联系，密切配合，统一力量、统一步

---

① 联记：一种选举方式，一次可选多人。对应的为"单记"，一次选一人。——编者注

调,充分做好准备,加强请示报告,加强团结,使工作有领导有准备地进行,对居民干部的安排上,办事处、派出所及其他有关单位应统一研究,从全面观点出发,协商解决,做到安置恰当,搭配合理,防止相互争夺干部情况发生,但首先应照顾治保组织的需要,对不能解决的问题应请示区府统一解决。

5. 工作中应随时注意积累材料,总结经验。

6. 整顿工作必须与经常工作密切配合,防止孤立进行。

7. 试点结束后各区可根据主观力量分批进行整顿,争取年内基本或大部分整顿结束。

杭州市人民政府建政办公室

1954 年 10 月

杭州市城区建立街道办事处机构的工作总结报告

一

根据市委指示和市府委员会的决定,在城区人民政府下建立街道办事处的工作,于 7 月 28 日成立街道办事处干部学习班(训练班工作总结已收报),在干部训练的基础上于 8 月 17 日分别派往各城区人民政府以公安派出所辖区建立了 47 个街道办事处——上城 9 个、中城 9 个、下城 11 个、江干 8 个、拱墅 5 个、西湖 5 个(拱墅、江干 2 个水上办事处,区决定建立,因无经常工作,又行撤销)——自办事处建立 2 个月以来,在各区区委区府的直接领导下,市建政办公室的协助下,工作开展一般比较正常,工作过程如下:

(一)在街道办事处干部未到各区前,首先召集了区府、公安分局及派出所、法院区分庭及妇联等有关单位的干部大会,总结了街道办事处干部训练工作,宣布建立街道办事处第一阶段的工作计划,并着重强调了建立街道办事处的重要意义,强调了各部门之间特别是公安派出所与办事处干部之间的团结问题,强调区府加强领导以及办事处的群众路线的工作方法等问题,统一了干部的思想认识。办事处干部下达后,各区又根据市的要求召开了区属各有关单位的会议,由区委书记或区长作了思想动员,有的区公安分局长也在会上讲了话,进一步强调建立街道办事处的重要意义,以及各单位间的密切联系、配合和团结的重要性。

(二)建立机构与群众见面,宣布办事处正式成立,办事处在派出所的协助下召开了辖区的居民小组长、妇女代表等的干部会,分别访问了地区的人民代表,向群众宣传建立街道办事处的意义及其性质、任务、职权范围、与各方面的关系等,在工作上初步与居民干部建立了联系。

(三)办理交接工作:由区府民政、文教卫生等科及法院区分庭、公安派出所等有关业务部门准备材料,逐项办理移交,建立了业务。

(四)在初步熟悉情况,交接工作的基础上,办事处内部开始建立工作制度和进行业务分工,根据区的布置,结合辖区实际情况开始进入经常工作。

二

办事处建立以来,取得了一定的成绩:

(一)初步熟悉掌握了辖区的主要情况,通过建立机构与群众见面,派出所介绍情况,调查访问会议座谈,以及在贯彻区府各项交办事项过程中,如棉布计划供应、卫生运动、社救、私有危险房屋修缮、广泛接触群众这一系列的工作和活动,与居民干部建立了密切的联系,初步熟悉了居民干部,居民组织及部分工作情况,很多居民干部对办事处的建立都感到工作上有人领导,工作信心加强了。居民干部反映:"成立办事处,居民工作加强了,我们做事商量方便了。"有的还检讨了过去的退坡[①]思想,表示要好好协助办事处搞好工作。有的办事处辖区的居民区还召开了居民大会来欢迎办事处的建立。

(二)根据区人民政府交办的工作,初步建立了业务。办事处成立以来,通过各项工作的移交和布置,协助贯彻了全市性的棉布计划供应,国庆节宣传及清洁卫生等中心任务,并结合开展优抚救济、私有危险房屋修缮、社会教育、调解等经常工作。在优抚救济工作方面,过去长期没有把情况全面掌握起来,许多工作都是通过优抚救济中心小组去贯彻,工作浮在上面,经过办事处这次的调查,在救济工作上就暴露出不少严重问题,如放高利贷的、有子女和亲戚补助的也都进行长期救济。根据拱墅区调查,有长期救济户 76 户,经过核对,不合长期救济条件的就有 21 户。在私有危险房屋修缮工作方面,普遍调查了私有危险房屋情况,并督促和动员房主修理,据中城区统计,横河桥办事处辖区原有危险房屋 40 间,经办事处动员修理的就有 29 间。在调解工作方面,不少多年来未解决的纠纷案件都得到了解决,因而大大减少了法院区分庭的收案,根据法院中城分庭的统计,八月份收到房产纠纷案件 41 件,九月份收到 20 件,减少了一半,整个收案数亦减少了 24%。在社教工作方面,动员群众进业余学校,以及流生问题,过去区人民政府贯彻起来较困难。在卫生工作上,使清洁卫生深入到每一角落。由于办事处已初步发挥了它的作用,区业务科同志都深深感到有了办事处工作有了助手,工作方便了。过去很多群众都涌到区政府里去,现在这种情况显著减少了。贯彻政策深入了,同时公安派出所的

---

① 　退坡:比喻意志衰退,或因工作中遭到困难而后退。——编者注

协勤工作也减少了,可以专心于治安业务,如上城区行宫前派出所所长说:"过去与居民群众打交道,花费精力很大,仅调解工作平均每天就需要 3 个小时,因而本身业务削弱了,现在有了办事处,我们可专心治安工作,并可按期完成任务,同时居民工作也同样解决了"。

(三)给群众解决了一些切身的实际问题,在居民群众中开始树立一定的政治影响,拱墅区茶亭庙办事处帮助生活困难的居民找生产出路,主动与食品公司、农林厅机械修理厂等部门联系,先后介绍 82 人做临时工,其中介绍食品公司放牛的有 45 人(系与派出所共同介绍),每人每天均有 6000 至 12000 元的收入,既不需重劳动力,又可以解决生活问题。上城区拟与茶厂联系洗茶袋,与粮库联系补麻袋等,也可解决部分群众的生活。下城区海狮沟办事处发现时常断炊的孤老(原系长期救济户,后被派出所取消)及时给予救济,群众反映说:"人民政府的办事处,照顾我们比亲人还要亲""有了办事处,问题解决又快又及时了",同时也减少了群众往返,便利了群众,过去要到区里办的小事情,现在到办事处就可解决,如居民区因婚丧喜事请购黄酒,过去要到区里批准,现在到办事处开证明就可以去购买了。

(四)初步建立了一些主要工作制度和初步摸索了一些工作方法。目前各办事处已建立了一定的会议、值班、分工、学习等制度,办事处初建立时,怕群众工作麻烦,怕搞不好,工作信心不大,感到生活过不惯,不安心于小单位工作。经过实际工作的锻炼,依靠群众,有事与群众商量,取得群众的协助和支持,许多同志都感到办法有了,工作好做了,因而绝大多数干部的情绪是正常的。

三

街道办事处建立以来,在工作上虽已取得了一定成绩,但存在的问题也不少,这些问题均有待于今后继续加强区对办事处的领导,不断改进工作来逐步加以解决。

(一)领导问题:区的领导乃是搞好办事处工作的中心环节。上城、下城、拱墅等区由于领导上能紧紧抓住:(1)统一区属各部门意见,定期向办事处布置;(2)区建政工作组深入督促检查和具体帮助;(3)通过汇报,及时总结工作,肯定成绩,指出缺点,提高干部政策业务水平,并使行政领导和思想领导结合,通过批评表扬提高干部改进工作;(4)抓住重点进行示范,取得经验指导全面等四个环节,因而办事处工作进展较稳,问题也较少。有的区领导不够抓紧,如江干区街道办事处建立以后,有 20 天未抓紧领导,几项主要业务如调解、优抚、房屋修缮等亦迟至 1 月后才行移交,因而办事处工作形成自流,问题也较多,西湖区因开始放松了思想领导,致有 3 个办事处干部闹不团结,现在还未解决。其他如中城区把办事处干部拉到区里当收发、当会计等,对办事处工作都有影响。办事处干部在思想与工作上也存在着问题。如有的办事处主任只做原则领导,不做实际业务,工作不负责,作风不民主,群众向区提出控告,竟企图报复。有的主任工作时间内抱小孩,有的干部与政治面目不清的女人乱谈恋爱,有的不安心工作,要求调动,有的因个人问题未解决,消极怠工想脱离工作,等等。这些问题的存在,大大削弱了办事处的工作效能,在此期间,市建政办公室虽召开过一些会议,交流了一些工作经验,但对各区存在的问题,及时研究帮助解决仍然不够,对上级意图体会不深,执行机械。如在贯彻关于逐项移交工作,要求"交好一项,办好一项"的工作方法,未结合实际情况很好地加以发挥,照式画样,使下面工作的主动性与创造性不能得到充分发挥,因而影响了整个工作的进度。从上面情况来看,工作好坏,领导乃是决定性的关键。因此,各区在现有的基础上进一步加强对办事处的思想和行政领导是非常必要的。关于区对办事处的领导形式问题,我们考虑各区应由区长或副区长亲自掌握直接领导,区府秘书室可设专职秘书和干部各一人,协助区长工作,或由民政科副科长或设专职科员协助区长副区长对办事处进行经常的督促检查和定期布置工作,这样专业专管,有事有人负责,办事处的领导才能进一步得到加强。

(二)与公安派出所的关系问题:有的区由于区府和公安分局领导上强调了团结教育,因此派出所与办事处双方的关系很好,如拱墅区各公安派出所在办事处建立时,帮助打扫清洁,整理房间,迎接办事处的成立,在工作上又取得步调一致,相互尊重,相互联系,关系融洽,因而工作开展比较顺利。但有的区办事处与派出所的关系搞得不够好,如有的办事处与派出所在工作上互不服气,互相瞧不起,有的派出所在居民区开治保干部会议,不让办事处干部参加,有的派出所借口保密,在电话机旁贴上"非公安人员不准入内"的条,引起了双方意见,造成了隔阂,影响了工作的开展。我们认为办事处与派出所的工作服务对象都是居民群众,加强双方的联系,搞好团结,统一步调,是做好工作的重要一环,今后办事处与派出所的团结问题首先应从区府、公安分局领导上重视入手,分别对办事处、派出所经常进行团结教育,不断克服狭隘、保守、骄傲自满情绪，树立整体观念，区府与公安分局不能解决的问题应由区委统一解决。

（三）关于党团的组织问题尚无统一意见，根据现有情况，有如下两种组织形式：(1)办事处党团员与区府同一支部的有上城、江干、西湖三个区，这样便于区领导了解情况，便于与区属各部门的联系，从组织生活及时反映和解决问题；(2)办事处党团员单独成立党、团支部的有下城、中城、拱墅三个区，受区委组织科领导，其中下城区由于支部领导力量较强，严格组织生活，开展批评与自我批评，能发挥组织作用，拱墅区感到这种组织形式不便于领导掌握情况和发挥组织作用，准备与区府支部合并。我们考虑关于今后的党团组织问题，统一区府支部较为恰当。

（四）关于建立街道办事处以来的行政事务工作，如房屋家具、住宿及办公用具等问题，大部分区办事处都已得到解决，但有的区办事处房子、办公用具等问题还没有妥善解决，对工作有一定影响。个别的房屋家具问题，如区不能解决的，市财政局、房管处应积极协助办理，家具问题，根据实际需要，在物资调配的可能范围内进行调配，逐步解决。

（五）办事处的内部的分工问题，各区尚不一致，根据目前情况，除西湖区外，各区办事处的分工有如下两种方式：一是根据工作繁简，干部能力，以地区为主结合业务系统，即以块块为主结合条条进行适当的分工。这样既便于深入群众及时指导居民委员会的工作，又便于掌握全面情况，锻炼干部的独立工作能力，办事处主任除全面掌握外，应担负一定数量的业务工作和居民区工作，很多办事处都严格这一分工原则，办事处的主要工作，如房屋修缮，社会救济，调解等以地区为主的同志均做到心中有数，掌握情况，及时处理问题，以业务系统为主的同志掌握材料也很全面清楚了。第二种是办事处内部设内勤，办事处主任不担任具体工作，这样主任就不能深入与全面掌握工作情况，而工作负担劳逸不匀。我们认为前一种分工方式较好，后一种方式则不宜采用，应逐步予以改变。

（六）建立办事处指导居民区的工作，首先应健全居民委员会的组织，从目前情况看来，居民区普遍存在组织多、任务多、兼职多、组织不健全及组织不纯等问题，为了加强基层工作基础，对现时居民区组织存在的混乱现象，实有加以整顿的必要，我们意见各区在十一、十二月除结合布置经常工作外，对居民区组织进行分批的整顿。此外在办事处建立的前后，有的派出所把居民中成分好、工作能力强、群众威信高的基层干部都挑去担任治保干部（我们认为居民治保人员必须具备政治成分好,有一定工作能力等条件,但亦应适当照顾居民委员会的干部力量,全部提去担任治保工作,对居民区开展工作是会产生影响的)。关于居民干部问题,办事处与派出所等单位应从整体出发,在整顿居民区相互协商,进行合理的搭配,有领导地解决问题,以防止发生相互争夺干部的现象。(整顿计划另附)

以上请市委指示。

杭州市人民政府建政办公室

1954 年 10 月 18 日

杭州市人民政府关于转发《城镇街道办事处及居民委员会经费开支规定意见》的通知①

府财〔1954〕字第 4733 号

事由:为转发城镇街道办事处及居民委员会经费开支规定意见由

主送机关:各市区人民政府

抄致机关:公安局、民政局、市府人事处、财政局

抄报:浙江省人民政府财政厅

接浙江省人民政府府民(54)字第 2880 号通知称:"街道办事处和居民委员会所需经费根据内务部《关于城市居民委员会经费问题的意见(草案)》称:一、居民委员会的公杂费及工作人员的生活补助费由省(市)人民政府统一拨发,其标准另行规定之,二、居民委员会办理有关居民共同福利所需的费用,经居民的同意,并经市或区人民政府的批准,得以自愿原则向有关居民筹募之,除此以外不得向居民进行募捐或筹款,三、经费收支账目,应按季公布,临时筹募之共同福利费用,于事业办理完毕时应即行公布。"按内务、财政部《关于全国城市街道办事处和居民委员会经费使用原则的通知》规定及本省具体情况拟定浙江省城镇街道办事处及居民委员会经费开支规定意见如下:

一、街道办事处经费

(一)工资:街道办事处工资制干部,按其原评定等级开支。

(二)供给生活费:街道办事处供给制干部,按其原评定等级开支。

(三)公务费:①每月公杂费 30000 元;②每一街道办事处一次开办,修理费 200 万元(指杭州市而言)。街道办事处所需房屋,原则上与公安派出所合署办公,如有困难得以公房拨用。

四、其他:每人每月公费医疗 15000 元。

二、居民委员会经费

(一)公杂费:包括办公文具、纸张、水电、灯油等在 30000 人口以上的城镇

---

① 　原文标题为《杭州市人民政府(通知)》。

平均每一居民委员会每月开支 50000 元,30000 人口以下城镇每一居民委员会每月以 30000 元预算,由市或县人民政府按居民委员会范围大小、工作繁简等具体情况编制。

(二)居民委员会委员的补助费:①30000 人口以上的城镇(包括杭州、嘉兴、湖州、金华四市,兰溪、衢县、临海三县城关区、海门区)每一居民委员会每月补助 12 万元。②30000 人口以下城镇,每一居民委员会每月补助 6 万至 10 万元。

以上补助费用以补助工作繁重、生活困难的委员,不应平均使用,补助对象及其数额应经居民委员会讨论,报市或区人民政府批准。

以上希研究执行,并将执行情况于本年 12 月以前报告本府。

民政厅等故根据以上精神,经研究特作如下补充规定:

(1)街道办事处公杂费每人每月可按 30000 元开支,由区人民政府统一掌握使用,其所需用品一律发给实物。

(2)居民委员会的补助费按居民委员生活确有困难者,可采取自报公议,民主评定的方法,先由本人向所在居民委员会提出申请补助理由,经所在居民委员会讨论,在 30000 至 90000 元范围内提出具体意见,交街道办事处审查签具意见,报区人民政府核批,切实做到困难大者多补助,困难小者少补助,不困难者不补助,对工作繁重生活特别困难的委员并应主动予以照顾。

(3)街道办事处经费开支范围一律按照浙江省区以上级机关 1954 年行政经费开支标准执行(除办公费以外)。

(4)编报预计算之科目如下"款",行政管理费支出"项",其他行政费"目""节",按照浙江省 1954 年度行政管理费类支出单位预(决)算科目编列关系各街道办事处及居民委员会所需经费统一由各区人民政府负责向财政局办理结报手续。

(5)各区人民政府应将所属街道办事处及居民委员会所需经费编列冬季度预算(街道办事处 9 月份列入 10 月份)在本月 25 日以前送财政局审核。

(6)各居民委员会补助费开支"款""项"与街道办事处同,列入"其他费用"内"居民委员会补助费"科目报销。

(7)居民委员会的经费自本年 10 月份起执行。

以上希各区研究执行,并将执行情况于本年 11 月 15 日以前报告本府。

杭州市人民政府

1954 年 10 月 20 日

杭州市关于现有居民区妇女组织的工作建议①

一、组织形式

（一）居民区一级的妇女组织形式是代表会议，原则上以 5 户为单位产生 1 名妇女代表，组成代表会议。由代表中产生委员负责处理日常工作。每个居民小组的几个妇女代表中有 1 名代表的小组长，亦即妇代会委员。

（二）居民区妇代会委员分工为：主任、副主任、生产委员、调解委员、服务委员、组宣委员、福利委员。

（三）妇代会主任兼居民区副主任（居民委员会内不设妇女委员）。

（四）派出所级的区妇联分会（是办事机构，不是一级组织），由各居民区妇代会主任组成。现工作需要，区妇联还可以在这些人外聘请些分会委员，分工与居民区妇代会委员同。委员中被推为分会主任者，其居民区妇代会主任职务可免去。

（五）说明：妇代会内的委员可兼任居民委员会内职责相同的委员，其中调解委员得为调解委员会的委员。

二、产生办法

（一）结合小组会产生居民委员或组长的同时，在原有妇女代表的基础上，改选好妇女代表；如没有条件，原有代表可以不动，将新的积极分子准备选为干部的，补选为代表。

（二）妇代会委员候选人可在小组会上提出，亦可由居民区副主任（妇代会主任）和几个主要积极分子协商提出。再召开居民区的妇女代表会议，选举妇代会委员会。

（三）代表小组长可在各该小组的几个代表中推选，亦可在委员选出后宣布各该小组的委员即为代表小组长。

---

① 原文标题为《关于现有居民区妇女组织的工作建议》。

（四）居民区一级整理后，再召开妇代会委员会议，宣布分会由居民区妇代会主任组成。办事处妇女工作干部可视需要参加分会，任主任或委员，撤销原分会委员会。原分会委员会除已在改选后选上职务及有政治问题或作风恶劣者外，其余都应尽量聘请为分会委员。

三、妇女干部条件

妇代会主任一般都应是职工家属；委员中职工家属较多的地区应占半数以上。对原有干部的处理问题，和处理居民干部同。

在选择干部中一方面要照顾劳动人民掌握领导，但也要照顾妇联团结各民主阶层妇女的统一战线的性质。

四、街道妇女组织和区府办事处及居民组织的配合关系

为加强统一集中领导，克服会议多、布置多的紊乱情况，我们建议在布置有关全体居民的经常工作及中心运动时，由区府和区妇联研究出统一计划，布置给区府办事处和区妇联分会，再由办事处和分会联合召开居民区主任及妇代会主任会议或两个委员会的委员联席会议，统一布置。再往下布置时也召开居民小组长及妇女代表联席会。

五、经费问题

因居民中的妇女工作也是居民工作的一部分，且妇联无此项办公费，因此，我们建设街道妇女组织的经费在居民区的办公费内统一开支。

1954 年 11 月 1 日

杭州市结合民主建政整顿治保组织情况简报①

一、整顿前的情况

这次研究了 6 个居民区的治保组织,成员 45 名(男 15 名,女 30 名)。这 45 名成员中,就成分来说,计有工人 4 名,职工家属 21 名,农民 3 名,破产资本家 1 名,独立劳动小店主 2 名(1 名是小老板),小贩 3 名,教员 1 名,其他劳动家庭妇女 4 名,失业无业者 4 名,失业知识妇女 1 名,不明情况的家庭妇女 1 名;就政治身份情况来说,计有伪职员 1 名,日伪警察 2 名,伪士兵 2 名,伪甲长 1 名,与台湾人员有关者 1 名,伪官吏(现为工作人员)家属 2 名,情况不明家属 1 名,共计 10 名,占 45 名的 22%。

二、经过研究所暴露出的问题

这次整顿主要是在原有治保组织的基础上,根据上级这次对治保组织成员的要求,进行排队,逐个研究,通过排队研究暴露了如下几个问题。

(一)治保组织虽经过整顿而组织不纯的情况仍然存在,这些情况,又为我们所忽视。45 名治保人员经过这次审查,清洗了 8 名(包括破产资本家又是伪甲长 1 名,伪兵 1 名,伪职员 1 名,伪警察 1 名,丢②身份调作其他委员者 4 名)。同时从历史成分所暴露的问题来看,有些情况,还比较严重,如滑家弄居民区治保委员金宝英是一个地主阶级分子的老婆,其丈夫死因不明,本人是否是逃出的问题尚未查清(据说其丈夫是受镇压的,本人也可能是逃出来的)。像这些严重的问题,过去并未引起我们的重视,仅看她能反映一些情况而未研究动机何在、情况属实与否,即吸收为治保人员,严重影响了治保组织的纯洁性。

(二)通过这次审查,也暴露了有些治保人员作风不良,旧习不改,有的骄傲自大,互相嫉妒,认为治保人员工作要比其他居民工作高人一等,形成了互

---

① 原文标题为《结合民主建政整顿治保组织情况简报》。
② 丢:使用,施展。——编者注

不团结。如滑家弄居民区妇女主任王秀清说治保主任徐玉鸣在居民区专权，徐玉鸣则说王秀清群众影响坏，互相以不具名的方式，向分局派出所办事处写信检举，从他们检举的事实来看主要表现是互相嫉妒，闹不团结；又如灯芯巷居民区治保主任严玉麟在工作中态度傲慢，讲话时表现盛气凌人，群众和居民干部都有些怕他，群众反映说："他的工作是好的，就是一副态度吃不消。"另有个别治保干部旧习气不改，二流子作风，如余官巷居民区治保主任陈文元当伪警察时曾有敲诈行为，现在工作上喜欢向上报功，不干实际工作，有些干部有事要不通过他，他就不高兴，平常无事，就坐茶馆，下象棋（有赌钱性质），因而引起群众对他不满，反映说治保主任就这样，怎好为人民服务管好坏人呢？像这样的情况，都直接间接地影响了治保组织在人民群众中的威信。

（三）从整顿治保组织中也暴露了我们干警对民主建政结合整顿治保组织在认识上不够明确，没有很好地领会上级的精神、贯彻上级意图，以及城市里谁依靠谁的阶级路线模糊，片面强调目前工作的作用，忽视治保人员应具备的政治条件，因之根据上级的要求，明知不合，但也不愿调下去，认为调下去了对工作有妨碍，在思想上搞不通而引起混乱。甚至有个别民警埋怨领导官僚主义，不了解实际情况，乱调干部，如民警章明祥同志听说治保人员王漱石（近来研究后，有居民检举他，说他的箱子里还藏有反动军官照片、党证、履历片等，是谁的尚未搞清）调作居民干部时，就急得跳起来说："他怎么可以调掉呢？我不同意你们照顾实际情况，民警张攸胜同志也说严玉麟已经不算什么资本家了，把他调掉工作要受损失"，并说"严是一个人民代表怎么连治保人员也不能当呢？像他不能当，就有很多人当不成了"，表示不满意。像这种情况既妨碍了整顿工作的正常开展也妨碍了办事的团结。

三、产生上述情况的原因

（一）治保组织经整顿后，之所以仍存在成分不纯，主要的原因是我们同志们对治保组织为适应今后对敌斗争的长期性、复杂性、隐蔽性，认识不足，对整顿治保组织的阶级路线不明确，对上级指示的精神领会不深刻，片面地重视工作能力和当前的某些积极作用，以致把像金宝英那样身份不明的地主家属也弄到治保组织里来。

（二）由于我们平常对治保人员的教育和使用不够全面，对治保人员教育，光看到他们好的方面进行表扬，忽视了对那些个别脱离群众旧习不改的人员及时地加以批评和处理，因而促使他们逐步滋长了骄傲自满情绪，引起了群众对个别治保干部的不满。

(三)当时干警对民主建政结合整顿治保组织的意义要求认识不明确,因而在这一工作结合上开始时思想上不够统一,主要是干警对于中心工作没有很好地组织有关文件的学习,因此干警错误地认为整顿治保组织应是派出所的事情,感觉统一整顿不恰当,还有些民警错误地认为"街道办事处整顿居民干部就行了,为啥要插手整顿治保组织呢,好像不应该"。

四、今后改进意见

(一)首先是组织民警学习有关文件,明确整顿的要求与目的,统一认识,纠正各种不正确的观点,特别是明确谁依靠谁的问题,在讨论时一定要结合实际,解决实际问题。

(二)民警在思想上要明确阶级路线和克服畏难情绪,纠正把现有治保人员调下去后工作难开展的错误看法,一定要发扬艰苦奋斗的工作精神,深入群众,积极物色培养积极分子、隐蔽力量,并要防止感情用事、影响治保组织纯洁。

(三)从以上暴露的问题来看,我们深深地体会到治保组织虽不断地进行调整,但由于我们过去在思想上对治保组织中的复杂性认识不够到位,阶级路线不够明确,通过结合民主建政进行审查时依然发现不少问题,有些问题还比较严重,因此我们不能产生治保组织经过调整后,没有什么问题的自满麻痹思想,要提高警惕,认真协调街道办事处的民主建政,结合整顿治保组织内部以达到治保组织的绝对纯洁。

(四)街道办事处与派出所在工作中一定要搞好团结,统一思想,统一步骤,对外宣传要口径一致,做到及时研究,积极树立全局思想,严格纠正任何本位主义。

1954 年 11 月 2 日

全国各城市成立居民委员会和街道办事处情况统计表

（全国人民代表大会常务委员会参考文件，1954 年 11 月 6 日）

省别	市名	成立居民委员会数	设立街道办事处数	备考
中央直辖市	北京	104	4	
	天津	978	193	
	上海	1846	195	
河北	保定	已成立，数不详		
	唐山	21		
	秦皇岛	已成立，数不详		
	张家口	已成立，数不详		
山西	太原	2	已设立，数不详	
	大同	2	设街公所，数不详	
内蒙古自治区	呼和浩特	49		
	包头	31		
辽宁	沈阳	已成立，数不详		
	鞍山	24		
	旅大	旅大已成立，数不详		
	抚顺	30		
	本溪	已成立，数不详		
	阜新	已成立，数不详		
	锦州	设街公所，数不详		
	安东	5		
吉林	长春	54	50	50 个街道办事处是计划设立
	四平		设街公所，数不详	
	吉林	吉林已成立，数不详		

续表

省别	市名	成立居民委员会数	设立街道办事处数	备考
黑龙江	哈尔滨	629		包括42个家属委员会
	齐齐哈尔	已成立,数不详		
陕西	西安	358		计划建立数字
山东	济南	已成立,数不详		
	青岛	67		
	烟台	已成立,数不详		
江苏	南京	129		
	徐州	已成立,数不详		
	无锡	已成立,数不详		
	苏州	已成立,数不详		
	常州	已成立,数不详		
	南通	46		
	扬州	54		
	泰州	42		
安徽	合肥	14		
	芜湖	4		
	蚌埠	9		
	安庆	16		
浙江	杭州	已成立,数不详		
福建	福州	57		
	厦门	已成立,数不详		
	泉州	已成立,数不详		
	漳州	已成立,数不详		
河南	新乡	已成立,数不详	已成立,数不详	
	安阳	已成立,数不详	已成立,数不详	
湖北	武汉	603	98	
湖南	长沙		36	

续表

省别	市名	成立居民委员会数	设立街道办事处数	备考
湖南	衡阳	20	20	
	湘潭	18	18	
	邵阳	21		
	常德	19		
	益阳	9	9	
	株洲	4		
	津市	18		
	洪江	40	5	
广东	广州	599	91	
	江门	33	9	
	韶关	已成立,数不详	已成立,数不详	
广西	柳州	已成立,数不详		
四川	重庆	380	9	
	成都	573	44	
云南	昆明	已成立,数不详		

说明:

一、已成立居民委员会的共 61 市,其中 37 市共成立居民委员会 6898 个,24 市成立居民委员会数字不详。

二、已经设立街道办事处的共 21 市,其中 14 市共设立街道办事处 761 个,7 市设立数字不详。

三、全国已经成立居民委员会和街道办事处的,尚不止此数,以上数字是就现有不完全的材料统计的。

上海市居民委员会组织暂行办法(草案)

第一条　本暂行办法根据中央关于《城市居民委员会组织通则(草案)》的规定,参照本市实际情况订定。

第二条　为了加强本市街道、里弄居民的组织工作,办理居民的公共福利工作,本市郊区部分城市性地区在区人民政府和办事处的指导下,可以按照居住地区群众性自治性的居民组织。名称定为上海市××区××街(里、弄、大楼等)居民委员会。

第三条　居民委员会的任务:

(一)办理有关居民公共福利事项;

(二)向人民政府反映居民的意见和要求;

(三)发动居民响应政府号召,遵守法律。

第四条　居民委员会的组织:

居民委员会应当根据便于联系群众进行工作,又不使居民委员会工作负担过重的原则,依照下列的规定确立组织:

(一)居民委员会按照居住情况并且参照公安户籍段管辖范围,一般的应当以 100 户至 600 户范围组成。

(二)居民委员会设委员 7 人至 17 人,委员由居民小组选举(居民小组较少的由每一小组选举委员 1 人;居民小组较多的可以由居民小组长互推委员),由委员互推主任 1 人、副主任 1 人至 3 人(副主任中应当有 1 人专管妇女工作,一般由妇代表会议主任兼)。居民委员会委员任期一年,如果因故去职时,不能担任职务的时候,可以随时改选或者补选。

(三)居民委员会下设居民小组,一般由 15 户至 40 户居民组成。各居民小组一般选举正副组长各 1 人,正组长一般由居民小组选出的委员充任;如所推选委员被互推为主任或副主任,工作不能兼顾时,可以另选正组长。

(四)居民委员会可以根据地区的大小和工作的需要,分别设立分工的机构。工作较多的居民委员会,可以分设固定的或临时的工作委员会,一般以委员 5 人至 7 人组成,并且应当根据当地居住情况的具体要求,有重点地加强其中各个工作委员会的力量。各工作委员会主任委员,一般由居民委员会委员兼任,其他委员吸收居民中的积极分子充任,并应尽可能避免兼职。固定的工作委员会,可设社会福利(包括优抚)、治安保卫、文教、卫生、调解、妇女 6 个委员会,各区人民政府得按工作繁简予以合并或者增加,但最多不得超过 5 个。在必要时,经区人民政府批准,可以设立临时的工作委员会,但在工作结束后应当随即宣布撤销。因工作需要,经区人民政府批准,得在工作委员会下设若干小组,吸收居民中的积极分子为组员,在各该工作委员会领导下进行工作。妇女委员会的委员,可参加各种工作委员会,为避免组织重叠,城市基层妇女代表会议的委员会,可兼行居民委员会中妇女委员会的职务。

在人口少或工作较少的居民委员会,可以不设立各种工作委员会的,各项工作由居民委员分工担任,或者设立小组办理。

(五)居民中的被管制分子和其他被剥夺政治权利的分子,应当编入居民小组,但不得担任居民委员会委员、小组长和工作委员会的委员,必要的时候小组长可以停止他们参加居民小组的某些会议。

第五条 各种工作委员会的工作如下:

(一)社会福利工作委员会办理居民公共福利,协助政府进行拥军优属、社会救济,在市人民政府规定范围内出具证明和总务等工作。

(二)治安保卫工作委员会办理协助政府做好防火、防盗、防空、防特和监督管制分子等工作。

(三)文教工作委员会办理协助进行有关遵守法律法令的教育、时事宣传、组织、学习和有关公共文化娱乐活动等工作。

(四)卫生工作委员会办理协助政府做好街道里弄公共卫生、进行卫生、救护与妇婴保健常识宣传教育,发动居民做好防疫工作,并经常动员与督促居民做好个人及室内清洁卫生等工作。

(五)调解工作委员会办理协助法院调解居民中一般居民纠纷与轻微刑事案件,并通过调解进行政策法令的宣传教育等工作。

(六)妇女委员会负责研究居民工作中有关妇女的特殊问题,提出工作意见,交居民委员会讨论决定后由各种工作委员会贯彻执行。

第六条 机关、学校和较大的企业等单位,一般不参加居民委员会,但应当派代表参加所在地区居民委员会所召集的与它们有关的会议,并且遵守居民委员会有关居民公共利益的决议和公约。集中居住的职工住宅区,在区人民政府和办事处的指导下设立居民委员会或者由工会组织的职工家属委员会兼行居民委员会的职务。

第七条　市内少数民族聚居的地区,可以单独成立居民小组。在居民委员会与各种工作委员会的委员与正副主任中,吸收相应的少数民族参加。

第八条　居民委员会所属的各种工作委员会,在居民委员会统一领导下进行工作。市、区人民政府所属各工作部门及其他机关,在布置新的任务或者全市性的工作时,应当由市、区人民政府批准并经区人民政府办事处统一布置。各工作委员会的经常业务分别由区民政科、文教科、卫生科、公安派出所、区人民法院负责进行。

第九条　居民应当遵守居民委员会关于公共利益的决议和公约。但居民委员会在进行工作的时候,应当根据民主集中制和群众自愿的原则,充分发扬民主作风,反对强迫命令。

第十条　居民委员会的经费:

(一)居民委员会的公杂费和居民委员会委员的生活补助费,由市人民政府统一拨发,其标准另行规定;

(二)居民委员会办理有关居民共同福利所需的费用,经居民的同意,并经区人民政府的批准,依照自愿原则向有关的居民进行筹募,除此以外,不准向居民进行任何募捐或筹款;

(三)凡临时筹募的共同福利款项和开支账目,在事业办理完毕后,应当及时公布。

(本草案未注明时间,估计应在 1954 年上半年中央关于《城市居民委员会组织通则(草案)》之后,正式通则之前。)

上海市区人民政府办事处组织暂行办法(草案)

第一条　本暂行办法根据中央《城市街道办事处组织通则(草案)》的规定,参照本市实际情况订定。

第二条　为了加强城市的居民工作,密切政府和居民的联系,市区人民政府及郊区人民政府的城市性地区,可以按照工作需要以一定街道(里弄)为单位设立街道办事处,作为指导居民工作的派出机构。名称定为上海市××区人民政府第×(以数字排列)办事处(以下称办事处)。办事处所辖范围与公安派出所相同。

第三条　街道办事处的任务:

(一)办理区人民政府有关居民工作的交办事项;

(二)指导居民委员会的工作;

(三)反映居民的意见和要求。

第四条　街道办事处设主任1人,必要时可设副主任1人,并且按照工作的繁简、管辖地区的大小,设干事若干人(共设专职干部5～7人,内有专做街道妇女工作的干部1人),都由区人民政府委派。人员配备一般可按照下列原则:

(一)办事处辖区人口在15000人以下的,设主任和干事共5～6人。

(二)办事处辖区人口在15000人以上20000人以下的,设主任和干事共6～7人。

(三)办事处辖区人口在2万人以上的,设主任和干事共7人。

第五条　市、区人民政府所属各工作部门及其他机关团体等,非经市、区人民政府的批准,不得直接向街道办事处布置任务。

第六条　为了加强居民工作的统一领导,便利居民与政府的联系,办事处与公安派出所应实行合署办公,行政上建立一定会议制度,由办事处主任或派出所所长担任主任统一领导。

第七条　办事处为加强居民委员会工作,每月应单独与派出所联合召开居委会主任联席会议1～2次(必要时可临时召集),以协助和指导居委会进行工作。

(时间应为1954年中央草案后正式法案前)

在城市建立居民委员会和街道办事处的情况和经验

　　城市居民委员会和街道办事处这两种组织,从 1951 年起即先后在上海和天津等城市开始试行建立;近两年来,尤其是在去年第二次全国民政会议通过关于建立与整顿居民委员会和街道办事处的决议以后,全国已有 22 个省、市、自治区的 80 多个城市建立起这两种组织或者其中一种组织。还有些城市目前正在着手建立。

　　已经成立居民委员会的城市,街道中过去组织重叠,工作忙乱,街道积极分子负担过重的情况改变了。过去由于城市街道居民没有统一的组织,市区机关随意在街道居民中布置工作,造成了街道中组织多、会议多、积极分子兼职多的现象。有的城市,街道中这种繁杂组织达到 37 种之多。街道积极分子多是身兼数职或是十多职,天天开会,甚至一天开几个会。这就影响了积极分子的生产和生活,也影响了城市各种工作的正常开展。居民委员会的建立有效地改变了这种状况。各城市在建立居民委员会的过程中,把一些不适当的组织都加以撤销或者合并,克服了街道中的“五多”现象。天津市建立街道居民委员会以后,街道居民中的组织,由过去的 20 多种减少到 3 种。该市玉皇庙积极分子从每月开会 20 次减少至 4 次左右。徐州市建立居民委员会以后,兼职的街道积极分子只占全体积极分子的 5%。沈阳南市区南三经路整顿街道组织之后,街道积极分子增多了 78 名,现在全街二百多名居民委员会委员、居民组长中,兼三职的只有 1 人,兼二职的(委员兼组长)20 余人,基本上达到一人一职。

　　由于街道工作有了秩序,居民委员会在解决居民生活福利方面起了很大的作用。如上海市金家巷过去没有电灯,居民生活很不方便,居民委员会建立后,向银行贷款安装了电灯 702 盏。包头市前大路街居民委员会曾登记管辖区内所有的空房,说服房主优先租给由全国各地前来参加工业建设的职工居住。该市官房子街居民委员会组织居民帮助单身职工拆洗缝补衣服,不仅鼓舞了单身职工的生产情绪,并且使居民增加了收入。居民委员会在组织居民响应政府号召,推行各项工作方面也有显著成效。如天津市在实行粮食和食油计划供应初期,西安市在实行棉布统销工作初期,都由于居民委员会及时对群众进行了宣传教育工作,保证了供应工作有条不紊地进行。工矿城市的居民委员会在动员职工家属保证职工出勤率、教育居民热爱厂矿、从各方面支援工业生产等方面,也都起了积极的作用。福州市鼓西居民委员会三年来共调解居民群众中的婚姻、债务、房屋等纠纷590多起,不仅帮助了政府的工作,而且大大加强了居民之间的团结。

在城市设立街道办事处的好处,是加强了市或市辖区对街道工作的领导,进一步密切了政府和人民群众的联系。许多城市设立街道办事处以后,市或市辖区人民政府由于在街道中有了自己的派出机关,可以经由街道办事处主任联席会议来统一研究和部署有关居民的各项工作,克服了过去工作不易深入的现象,使工作的质量和效率都有了提高。重庆市第一区北坛庙街道办事处在进行救济工作时,自上而下地交代政策,使政策为群众所掌握,救济金的评议较过去更加细致而合理,有6个受救济的贫民,因为了解了政府的救济政策,自动提出克服困难,不要救济。许多城市由于设立了街道办事处,便利了群众,及时为群众解决了问题。如重庆市北坛庙街过去群众找民政干事办理婚姻登记,常常因为民政干事因事外出,无人负责,有的前后跑了7次。街道办事处设立后,干部有了明确分工,建立了一定的制度,群众有事到办事处,一般都有人接待,居民们不要跑腿,不要排队,就很快把事情办了。

整顿街道居民组织,是一项复杂的工作,根据各地的经验,在城市建立居民委员会,必须注意下列事项。

第一,要依靠劳动人民,并注意吸收妇女参加。城市街道中的社会情况异常复杂,街道工作的对象主要是一些无业散居的市民,他们是城市中的消费人口。居民委员会必须能够担负起对这些人进行组织和教育的任务,使他们逐渐转入生产,在社会主义建设事业中发挥一定的力量。因此,在整顿和建立街道居民组织时,就必须依靠劳动人民(主要是职工家属),并吸收为人正派的失业人员、知识分子、自由职业者、小商摊贩等参加,以保证能够担负教育居民的任务。由于妇女是街道工作的主要对象,她们当中大部分比较纯洁,有一部分有一定的文化水平和工作能力,她们多数都想通过街道组织参加社会活动,为群众办些事情,而且时间也较充裕,具有参加街道工作的有利条件。因此对于这批力量绝不应该忽视,在整顿和建立居民委员会的工作中,必须培养、教育并吸收她们参加到工作中来。

第二,居民委员会委员应当尽量做到一人一职,居民委员会所辖地区范围则宜小不宜大。居民委员会委员不兼职或少兼职,不但使委员有时间照顾自己的生产和生活,对他们的学习和健康都有好处,使他们能够在一个时期集中力量办好一件或两件事情,同时,也可以吸收更多的人来参加街道居民工作,培养更多的积极分子。城市居民多无生产和职业上的直接联系,彼此多不熟悉,而且各阶层杂居,生活条件和福利要求也不同,因此,组织小型的居民委员会,就便于居民互相了解,容易满足共同的福利要求,也便于居民委员会委员和积极分子进行活动。根据各地经验,居民委员会的组织范围一般在300户左右较为适宜,有的可以一二百户,少数不便划分的特殊街道可以适当扩大,但也不宜超过600户。

第三,充分发扬民主,提高居民觉悟,做好居民委员会的选举工作。在建立居民委员会以前,应当向群众宣传整顿街道工作的意义,居民委员会的性质和任务。向居民进行宣传教育,使居民能够热情关怀居民委员会的建立和以后的工作,能够积极参加居民委员会的选举。在居民委员会成立以后,对于群众提出的生活福利要求,应当按照需要与可能,能解决的迅速求得解决,以树立居民委员会的威信,使居民更加关心居民委员会的活动。

【选自《人民日报》1954 年 12 月 6 日】

城市街道办事处组织条例

(1954 年 12 月 31 日全国人民代表大会第四次会议通过)

第一条　为了加强城市的居民工作,密切政府和居民的联系,市辖区、不设区的市的人民委员会可以按照工作需要设立街道办事处,作为它的派出机关。

第二条　10 万人口以上的市辖区和不设区的市,应当设立街道办事处;10 万人口以下 5 万人口以上的市辖区和不设区的市,如果工作确实需要,也可以设立街道办事处;5 万人口以下的市辖区和不设区的市,一般地不设立街道办事处。

街道办事处的设立,须经上一级人民委员会批准。

第三条　街道办事处的管辖区域,一般地应当同公安派出所的管辖区域相同。

第四条　街道办事处的任务如下:

(一)办理市、市辖区的人民委员会有关居民工作的交办事项;

(二)指导居民委员会的工作;

(三)反映居民的意见和要求。

第五条　街道办事处设主任 1 人,按照工作的繁简和管辖区域的大小,设干事若干人,在必要的时候,可以设副主任 1 人。

街道办事处共设专职干部 3 人至 7 人,内有做街道妇女工作的干部 1 人。

街道办事处主任、副主任、干事都由市辖区、不设区的市的人民委员会委派。

第六条　市、市辖区的人民委员会的各工作部门,非经市、市辖区的人民委员会批准,不得直接向街道办事处布置任务。

第七条　街道办事处的办公费及工作人员的工资,由省、直辖市的人民委员会统一拨发。

城市居民委员会组织条例

(1954 年 12 月 31 日全国人民代表大会常务委员会第四次会议通过)

第一条　为了加强城市中街道居民的组织和工作,增进居民的公共福利,在市辖区、不设区的市的人民委员会或者它的派出机关指导下,可以按照居住地区成立居民委员会。

居民委员会是群众自治性的居民组织。

第二条　居民委员会的任务如下:

(一)办理有关居民的公共福利事项;

(二)向当地人民委员会或者它的派出机关反映居民的意见和要求;

(三)动员居民响应政府号召并遵守法律;

(四)领导群众性的治安保卫工作;

(五)调解居民间的纠纷。

第三条　居民委员会的组织如下:

(一)居民委员会应当按照居民的居住情况并且参照公安户籍段的管辖区域设立,一般地以 100 户至 600 户居民为范围。

居民委员会下设居民小组;居民小组一般地以 15 户至 40 户居民组成。每个居民委员会所设的小组最多不得超过 17 个。

(二)居民委员会设委员 7 人至 17 人,由居民小组各选委员 1 人组成;并且由委员互推主任 1 人、副主任 1 人至 3 人;其中须有 1 人管妇女工作。

居民小组设组长 1 人,一般地应当由居民委员会委员兼任;在必要的时候,可以选举副组长 1 人至 2 人。居民委员会委员被推为主任或者副主任的时候,选举他的小组可以另选组长 1 人。

(三)居民较少的居民委员会,一般地不设工作委员会,由居民委员会委员分工担任各项工作。居民较多的居民委员会,如果工作确实需要,经市人民委员会批准,可以设立常设的或者临时的工作委员会,在居民委员会统一领导下进行工作。常设的工作委员会可以按照社会福利(包括优抚)、治安保卫、文教卫生、调解、妇女等项工作设立,最多不得超过 5 个。临时的工作委员会,应当在工作结束时宣布撤销。

工作委员会应当吸收居民中的积极分子参加，但要尽可能做到一人一职，不使他们的工作负担过重。

（四）居民中的被管制分子和其他被剥夺政治权利的分子，应当编入居民小组，但不得担任居民委员会委员、居民小组组长和工作委员会的委员；在必要的时候，居民小组组长有权停止他们参加居民小组的某些会议。

第四条　居民委员会每届任期一年。

居民委员会委员因故不能担任职务的时候，可以随时改选或者补选。

第五条　机关、学校和较大的企业等单位，一般地不参加居民委员会，但应当派代表参加居民委员会所召集的与它们有关的会议，并且遵守居民委员会有关居民公共利益的决议和公约。

企业职工集中居住的职工住宅区和较大的集体宿舍，应当在市辖区、不设区的市的人民委员会或者它的派出机关的统一指导下设立居民委员会，或者由工会组织的职工家属委员会兼任居民委员会的工作。

第六条　市内少数民族聚居的地区，可以单独成立居民委员会；户数较少的，可以单独成立居民小组。

第七条　市、市辖区的人民委员会的工作部门和其他机关，如果必须向居民委员会或者它的工作委员会布置任务，应当经市、市辖区的人民委员会批准统一布置。市、市辖区的人民委员会的工作部门，可以对居民委员会有关的工作委员会进行业务指导。

第八条　居民应当遵守居民委员会关于公共利益的决议和公约。居民委员会进行工作的时候，应当根据民主集中制和群众自愿的原则充分发扬民主，不得强迫命令。

第九条　居民委员会的公杂费和居民委员会委员的生活补助费，由省、直辖市的人民委员会统一拨发，标准由内务部规定。

第十条　居民委员会办理居民的共同福利事项所需的费用，经有关的居民同意，并且经市辖区、不设区的市的人民委员会批准，可以按照自愿原则向有关的居民进行筹募，除此以外，不得向居民进行任何募捐或筹款。

筹募的共同福利款项和开支账目，在事情办理完毕后，应当及时公布。

公安派出所组织条例

(1954 年 12 月 31 日全国人民代表大会常务委员会第四次会议通过)

第一条 为了加强社会治安,维护公共秩序,保护公共财产,保障公民权利,市、县公安局可以在辖区内设立公安派出所。

公安派出所是市、县公安局管理治安工作的派出机关。

第二条 公安派出所的职权如下:

(一)保障有关公共秩序和社会治安的法律的实施;

(二)镇压反革命分子的现行破坏活动;

(三)预防和制止盗匪和其他犯罪分子的破坏活动;

(四)依照法律管制反革命分子和其他犯罪分子;

(五)管理户口;

(六)管理剧场、电影院、旅店、刻字、无线电器材等行业和爆炸物品、易燃物品及其他危险物品;

(七)保护发生重大刑事案件的现场,协助有关部门破案;

(八)指导治安保卫委员会的工作;

(九)在居民中进行有关提高革命警惕、遵守法律、遵守公共秩序、尊重社会公德的宣传工作;

(十)积极参加和协助进行有关居民福利的工作。

第三条 公安派出所应当根据地区大小、人口多少、社会情况和工作需要设立。

第四条 公安派出所设所长 1 人,副所长 1 人至 2 人,人民警察若干人。

公安派出所在市、县公安局或者公安分局的直接领导下进行工作。

第五条 公安派出所必须密切联系群众,认真处理人民来信,接待人民来访,并且在居民会议或者居民委员会会议上报告工作,听取人民的批评和建议。

第六条 公安派出所的工作人员必须切实遵守法律,遵守工作纪律,不得违法乱纪,不得侵犯公民权利。

第七条 铁道、水上公安派出所,参照本条例的规定办理。

【选自《中华人民共和国行政法资料选编》,群众出版社,1984 年】

杭州市街道办事处组织通则(草案)

第一条　为了加强城区的居民工作,密切政府与居民的联系,根据中华人民共和国《城市街道办事处组织条例》及本市具体情况,制定本通则。

第二条　在本市上城、中城、下城、江干、拱墅五个人民委员会管辖区域内建立街道办事处,作为它的派出机关,其名称为杭州市某某区人民委员会某某街道办事处。

第三条　街道办事处的管辖区域,一般应当与公安派出所的管辖区域相同。

第四条　街道办事处任务如下:

(1)办理区人民委员会有关居民工作的交办事项;

(2)指导居民委员会的工作;

(3)反映居民的意见和要求。

第五条　街道办事处设主任1人,按工作的繁简和管辖区域大小,设干事3～4人(内有一女干部兼做妇女工作),在必要的时候,可以设副主任1人。

街道办事处主任、副主任、干事均由区人民委员会委派。

第六条　区人民委员根据所属各工作部门,分别急缓轻重,定期向街道办事处统一布置工作。

区人民委员会所属各工作部门,非经区人民委员会批准,不得直接向街道办事处布置任务。

街道办事处与公安派出所,在工作上应密切配合互相协助,如双方意见不统一时,应即请示区人民委员会决定;街道办事处在必要时,可召开有关单位会议统一街道工作。

第七条　街道办事处的工作,应依靠群众发挥群众中积极分子及居民组织的作用,防止包办代替,有事不与群众商量的官僚主义与强迫命令作风。街道办事处的干部,可按地区与业务适当地进行分工。

第八条　街道办事处的工作制度:

(1)街道办事处不得直接对外行文,对居民委员会除开会通知外,不得发文字资料;

　　(2)街道办事处根据区人民委员会的布置按月安排和总结工作,并且建立工作日记,记录每天主要工作内容以备查考;

　　(3)街道办事处在工作职权范围以内,视工作需要可召开居民委员会主任副主任会议或其他会议研究讨论工作,如需召开辖区群众性的大会应经区人民委员会批准。

　　第九条　本通则经市人民委员会通过施行。

杭州市人民委员会

1954 年 12 月

杭州市居民委员会组织通则(草案)

第一条　为了加强城市中街道居民的组织和工作,增进居民的公共福利,根据中华人民共和国《城市居民委员会组织条例》及本市的具体情况,制定本通则。

第二条　在区人民委员会的派出机关——街道办事处指导下,按照居民居住地区成立居民委员会。居民委员会是群众自治性的居民组织。

第三条　居民委员会的任务如下:

(1)办理有关居民的公共福利事项;

(2)向区人民委员会或街道办事处反映居民的意见和要求;

(3)动员居民响应政府号召,并遵守法律;

(4)领导群众性的治安保卫工作;

(5)调解居民间的纠纷。

第四条　居民委员会的组织如下:

(1)居民委员会按照居民的居住情况和联系的便利,一般地以 200 户至 600 户为范围。

居民委员会下设居民小组,一般由 15 户至 40 户居民组成。每个居民委员会所设的小组最多不得超过 17 个,其中不得少于 7 个。

(2)居民委员会设委员 7 至 17 人,由居民小组各选 1 人组成;并且由委员互推主任 1 人,副主任 1 至 3 人;其中须有 1 人管妇女工作。

(3)居民小组设组长 1 人,一般地应当由居民委员会委员兼任;在必要的时候,可以选举副组长 1 至 2 人。居民委员会委员被推为主任或副主任的时候,选举他的小组可以另选组长 1 人。

(4)居民委员会委员可以按照社会福利(包括优抚)、治安保卫、调解、文教卫生、计划供应、妇女等性质分工担任各项工作。

居民在 300 户的居民委员会,可以各分工委员为主,吸收居民积极分子参加成立常设的工作委员会,在居民委员会统一领导下进行工作,常设的工作委员会最多不超过 5 人。如果工作确实需要,经市人民委员会批准,可以设立临时工作委员会,但在工作结束时即时宣布撤销。

(5)居民中的被管制分子及其他被剥夺政治权利的分子,应编入居民小组,但不得提任居民委员会、居民小组长和工作委员会的委员,在必要的时候,居民小组长有权停止他们参加居民小组的某些会议。

第五条　居民委员会每届任期一年。

居民委员会委员因故不能担任职务的时候,可以随时改选或者补选。

第六条　机关、学校和较大的企业等单位,不必参加居民委员会,但应当派代表参加居民委员会所召集的与其有关的会议,并遵守居民委员会有关公共利益的决议和公约。

企业职工集中居住的职工住宅区和较大的集体宿舍,在区人民委员会街道办事处统一指导下设立居民委员会,或者由工会组织的职工家属委员会兼任居民委员会的工作。

第七条　市内少数民族集中居住的地区,可以单独成立居民委员会;户数较少的,可以单独成立居民小组。

第八条　区人民委员会的工作部门和其他机关,如果必须向居民委员会或其工作委员会布置任务,应当经区人民委员会批准统一布置。区人民委员会的工作部门,可以对居民委员会有关的工作委员会进行业务指导。

第九条　居民委员会的工作制度:

(1)居民委员会一般地可以一个月开会一次研究工作,必要时可临时召开;

(2)居民委员会扩大会议一般地可以一个月一次(由正副组长及各工作委员会委员参加),报告工作情况和研究布置工作,街道办事处应派人协助;

(3)居民委员会可定期向街道办事处口头汇报工作。

第十条　居民应当遵守居民委员会关于公共利益的决议和公约。居民委员会进行工作的时候,应当根据民主集中制和群众自愿的原则,充分发扬民主,不得强迫命令。

第十一条　居民委员会的公杂费和居民委员会的生活补助费,根据规定标准由市人民委员会统一拨发。

第十二条　居民委员会办理有关居民的共同福利事项所需要的费用,经有关的居民同意,并且经区人民委员会批准,可以按照自愿原则向有关居民进行筹募,除此以外,不得向居民进行任何募捐或筹款。

筹募的共同福利款项和开支账目,在事情办理完毕后,应当及时公布。

第十三条　本通则经市人民委员会通过施行,修正时同。

杭州市人民委员会

1954 年 12 月